어부의 무덤

THE FISHERMAN'S TOMB

어부의 무덤

초판 1쇄 인쇄 2020년 01월 16일
초판 1쇄 발행 2020년 01월 30일
초판 2쇄 발행 2020년 03월 18일

지은이 존 오닐 | **옮긴이** 이미경
펴낸이 이세연
편   집 이경민
디자인 민진기

펴낸곳 도서출판 혜움터
주소 (06242) 서울특별시 강남구 강남대로 354 혜천빌딩 11층
이메일 hyeumteo@gmail.com | **팩스** 02-3474-3885

ISBN 979-11-967252-2-8 (03900)

이 도서의 국립중앙도서관 출판예정도서목록(CIP)은 서지정보유통지원시스템 홈페이지
(http://seoji.nl.go.kr)와 국가자료종합목록시스템(http://www.nl.go.kr/kolisnet)에서
이용하실 수 있습니다.(CIP제어번호: CIP2019049321)

파본은 구입하신 서점에서 교환해 드립니다.

어부의 무덤

바티칸 비밀 연구

THE
TRUE STORY OF THE
VATICAN'S
SECRET SEARCH

THE FISHERMAN'S
TOMB

존 오닐 지음 | 이미경 옮김

혜윰터

이 책을 다이앤 오닐에게 바친다. 그녀가 없었다면, 나는 이 책을 결코 쓸 수 없었을 것이다. 그리고 오랫동안 헤어져 있다 찾아낸 나의 형제 베드로에게 바친다.

"대체 어떤 이야기에 우리가 빠져 있는 걸까"

J. R. R. 톨킨, 『두 개의 탑』

목차

머리말

때로는 저자가 이야기를 찾아내는 게 아니라, 이야기가 저자를 찾아내기도 한다. 2004년 『뉴욕 타임스』 베스트셀러 1위에 오른 작품 『사령관을 맡기엔 부적합한Unfit for Command』을 집필하고 난 이후, 수많은 제안과 요청이 밀려들고, 글감을 추천받기도 했지만, 나는 다시는 책을 쓰지 않기로 다짐했다.

내가 휴스턴에 온 건 해군사관학교와 텍사스대학교 로스쿨을 졸업하고 미국 연방대법원에서 사법보좌관직을 마친 1975년이었다. 나는 오랫동안 변호사로서 여러 정유 회사를 대변하고, 때로 그들에게 소송도 걸며 정유 업계에 깊숙이 개입했다. 그러다 보니 업계에 떠돌던 그 위대한 조지 스트레이크, 그리고 불가능할 거라는 예상을 깨고 그가 휴스턴 우리 집 근처에서 거대한 콘로 유전을 발견해 낸 전설 같은 이야기를 자연스럽게 알게 되었다. 하지만 내가 이 비밀스러운 사내 조지 스트레이크에 관한 이야기를 전해 들은 건 그의 아들과 손주들이 내 친구가 되고 난 뒤였다. 그들을 통해서, 또한 내 나름대로 심혈을 기울인 조사 끝에 나는 조지 스트레이크가 거의 아무도 모르게 가톨릭교회에 막대한 자금을 지원했다는 사실을 알게 되었다. 특히 사도 베드로의 무덤을 찾는 탐색 계획을 비롯한 교황 비오 12세와 교황 바오로 6세의 특별 계획 말이다.

나는 아주 어려서부터 로마사와 초기 기독교 역사, 고고학을 공부해 왔다. 이들 학문에 대한 내 애정과 잠들지 못하는 어떤 영혼이 나를 이스탄불 남부에 위치한 기독교도의 지하 무덤에서 크레타섬과 북아프리카 유적지에 이르는 수많은 주요 고고학 유적지로 이끌었다. 조지 스트레이크가 자금 지원을 맡은 베드로 무덤 탐색 계획을 들여다보기 시작한 나는 이내 위대한 여성 선구자이자 고고학자인 마르게리타 과르두치, 그리고 그녀가 수년간 바티칸 사제이자 고고학자인 안토니오 페루아 신부와 벌인 역사적인 전투 이야기를 접하게 되었다. 나는 1988년 중화인민공화국을 상대로 한 유전 사건이나 콜롬비아와 에콰도르, 카자흐스탄과 같은 곳에서 벌어진 사건처럼 다양한 대규모 국제 법률 사건을 조사하면서 평생을 살았다. 그런 경험 덕분에 성 베드로의 무덤 탐색과 연관된 이탈리아어, 스페인어, 독일어, 심지어 라틴어와 그리스어로 작성된 수많은 전문 문서를 따라잡을 수 있었다.

사정이 이렇다 보니 베드로의 무덤을 75년간이나 탐색한 일에 얽힌 위대하고도 진실한 이야기를 담은 책을 써야 한다는 의무감이 생겼다. 이 범상치 않은 이야기를 구성하는 사실을 (나와 함께 작업한 공동 저자를 포함한 여러 지인의 도움으로) 취합해서 기록하는 일은 내가 휴스턴에 살고, 스트레이크 집안과 친분이 있고, 석유 탐사에 정통하며, 로마와 기독교 고고학에 관심과 조예가 깊고, 평생을 복잡한 국제 문제를 연구하며 보냈다는 뜻밖의 우연 때문에 가능했다. 나는 75년이 흐른 지금 이것이야말로 전 세계가 귀 기울여 경청해야 할 이야기라는 느낌이 들었다.

하지만 이 이야기의 진상을 파악하고 기록해야 한다는 필요성을 이해하면서도 머뭇거리며 글에 거의 손도 대지 않았다. 그러다 몇 년 전에 갑자기 목구멍과 머리, 척추와 다리에 제각기 암이 생겼다는 진단을 받았다. 치료하는 동안에는 항생제에 강한 내성을 지닌 악성 세균에도 감염되었다. 내 생존율은 5퍼센트도 되지 않았다. 나는 베트남 등지에서 수없이 죽음에 직면해 본 경험이 있었기에, 예전에도 그랬고 지금도 죽는 건 두렵지 않다. 그러나 이 이야기를 전하지 못한 채 죽는 건 두려웠다.

나는 적어도 이 위대한 이야기에 관한 사실을 집필할 정도는 살게 해 달라고, 이 이야기가 책으로 남지 못하고 나와 함께 사라지지 않게 해 달라고 기도하고 소망했다. 함께 작업한 나의 탁월한 공동 저자들과 나의 훌륭한 친구이자 에이전트인 제프 카닐, 이 책을 가능하게 해 준 그 외 여러분에게 감사한다. 무엇보다 이 책을 쓸 수 있도록 숨 쉴 수 있는 시간을 허락해 주신 신께 감사한다.

중동 지역에서 고대 기독교인에게 자행되던 학살과 박해가 오늘날까지 이어지고 있다. 고대 로마 제국에서 기독교도를 박해하던 자가 쓰던 비인간적인 방법인 십자가 처형과 화형, 강간 등을 동원해서 말이다. 이들 기독교인은 신앙 면에서 이 책에서 묘사하는 용감한 기독교인의 진정한 형제자매다. 조지 스트레이크 덕분에 탄생한 이 책의 모든 수익은 그들의 고통을 더는 일에 돌린다.

존 오닐

1
방문

현재

성 베드로 대성당 지하 공동묘지인 네크로폴리스가 이탈리아의 로마에서 가장 비밀스러운 장소인 것만은 틀림없는 것 같다. 관람 인원이 하루에 250여 명으로 제한되어 있어서 예약이 하늘의 별 따기니 말이다. 잡지 『트래블＋스타일』에서는 이를 두고 "로마에서 가장 인기 있는 곳"이라 일컫고, 일간지 『보스턴 글로브』에서는 "영원의 도시(로마의 애칭)에서 손에 넣기 가장 어려운 입장권"이라며 주의를 환기한다. 최근 공개한 성 베드로 대성당(바티칸 대성당으로도 불림) 지하 네크로폴리스만을 엄선해 둘러보는 스카비 투어Scavi Tour는 로마에서 가장 오래된 미스터리 중 하나를 통과하는 매혹적인 여정으로 관람객을 인도한다. 하지만 관람은 이야기의 일부에 불과할 뿐이다. 네크로폴리스 미스터리는 2,000년에 달하는 세월을 거슬러 올라가며, 해답을 얻고자 했던 바티칸의 탐색은 수십 년 동안 비밀리에 진행되었고, 20세기 최고의 지성인 일부와 최대 재벌 한 사람이 참여했다.

1940년 봄

이 사제는 아마 1940년 초에 휴스턴을 방문한 것 같다. 그는 교황 비오 12세가 로마에서 직접 파견한 밀사였다. 세계는 제2차 세계 대전의 발발로 화염에 휩싸였고, 히틀러와 스탈린, 도조 히데키 같은 괴물이 거침없이 전 세계를 활보했다. 폴란드는 소련군의 지원을 받은 나치 기갑 부대에 3주 만에 점령당하고 말았다. 일본 제국은 중국의 상당수 지역을 집어삼키고 남쪽으로 인도네시아의 유전 지대를 바라보며 군침을 흘렸다. 이탈리아에서는 검은 셔츠의 파시스트 당원들이 어릿광대 같은 무솔리니와 고대 로마의 영광을 재현한다는 꿈에 고무되어 바티칸 밖에서 하루가 멀다 하고 행진을 해 댔다. 독일 기갑 부대는 서부 전선에 집결하여 전격전電擊戰이라는 새로운 유형의 전쟁에서 곧 프랑스를 격파할 태세였다. 미국은 전쟁의 혼돈 속에서 잠에 빠져 있었다.

　사제의 이름은 월터 캐럴, 나이는 서른에 불과했지만 교황의 신망이 가장 두터운 측근 가운데 한 명이었다. 또한 이 사제는 교황 바오로 6세로 더 잘 알려진, 당시 교황의 오른팔이자 비서였던 조반니 몬티니의 오른팔이었다. 캐럴 신부는 마혼도 안 되는 젊은 나이에 죽을 운명이었지만, 그렇게 짧은 삶 속에서도 제2차 세계 대전 중은 물론 이후에도 전 세계에 커다란 영향을 미친 인물이었다. 그러나 텍사스주 휴스턴에 도착해 비행기에서 발을 내디딘 순간, 캐럴은 전쟁보다 훨씬 더 중요하면서도 오래 지속된 임무를 마주했다.

텍사스는 교황의 밀사가 다급한 임무를 짊어지고 찾아 오기에는 특이한 목적지였다. 캐럴은 텍사스 석유 기업가이 자 부유한 가톨릭 신자 조지 스트레이크를 만나러 왔던 것이 다. 가톨릭 계획을 지원하는 세계 최대 개인 기부자 중 한 명 인 스트레이크는 자신이 하는 모든 기부 활동을 익명으로 해 달라고 부탁했다. 캐럴과 스트레이크의 만남은 비밀리에 이 루어졌으므로, 자세한 내용은 역사 속으로 사라졌다. 만남의 장소는 스트레이크의 저택이었을 텐데, 그곳은 지금도 휴스 턴의 고급 주택가 리버 옥스의 인우드 드라이브 3214번지에 있다. 당시, 뒤쪽으로 휴스턴에서 가장 유명한 컨트리클럽까 지 이어지는 1에이커(약 4,047제곱미터) 토지에 선 이 영국식 신축 건물은 휴스턴에서 가장 크고 멋진 저택이었다. 그 무렵 인구 40만의 도시 휴스턴은 주변의 거대 석유 매장지와 대규 모 항구, 지역 사업가들의 기발한 재주 덕에 대공황을 멀찌감 치 비껴 간 상태였다.

바티칸 문서고에는 있을지 모르지만 그곳을 제외하면, 이 만남에서 두 사람이 정확히 어떤 말을 주고받았는지에 대한 기록은 남아 있지 않다. 그래도 이 만남은 스트레이크 가문의 유산이 되었다. 캐럴은 교황 비오 12세와 몬티니 몬시뇰(로마 가톨릭교회에서 교황의 명예 전속 사제로 확정된 성직자에 대한 경칭.—옮긴이)이 요청한 극히 민감한 사안을 전달하러 스트레이크를 찾아갔다. 요컨대 가톨릭교회에서 추진하는 어떤 특별 계획의 자금을 지원해 달라는 부탁이었다. 캐럴은 가톨릭교회의 가장 중요한 계획에 속하는 이 계획에 막대한 비용이 필요하지만, 그 규모가 어느 정도일지는 아직 확실하지 않다고 설명했다. 게다가 스트레이크가 자금 지원에 동의한다 해도, 그 사실을 아무에게도 발설해서는 안 된다고 못 박기까지 했다. 가톨릭교회는 스트레이크에게 사실상 어떤 영예나 보상도 없으며 성공할 가망성이 극히 희박하고 무모한 극비 계획에 동참한다는 백지수표에 서명하도록 요구했다.

스트레이크는 숙고 끝에 이 이상한 요구에 동의했다.

1939년 2월 11~14일

캐럴을 스트레이크에게 보낸 비밀 계획은 이보다 몇 개월 앞서 로마에서, 게다가 전혀 그럴 것 같지 않은 장소에서 시작됐다. 1939년 2월 11일, 교황 비오 11세가 선종했다. 비오 11세는 비범한 인물이자 수많은 빈자와 부자의 스승이었으며 정신적 아버지였고, 특히 그의 후임 교황인 에우제니오 파첼리를 비롯한 수많은 사람에게 많은 사랑을 받았다. 열렬한 등산가였던 비오 11세는 현재 그의 이름으로 명명된 알프스 산맥 몇몇 정상에 최초로 오른 교황이기도 했다. 칠레에 있는 남미 최대의 빙하 피오11도 그의 이름을 딴 것이다. 교황이 되기 전 비오 11세(본명은 아킬레 암브로조 다미아노 라티)는 바티칸 도서관장으로서 바티칸의 비밀을 지키는 인물이었다. 그는 자신의 바람과 달리 바티칸 도서관장에서 교황청 외교관으로 발탁되었다. 그는 허식을 좋아하지 않는 것으로도 유명했는데, 형식과 의례를 중요시하던 시대에는 흔치 않은 태도였다. 비오 11세는 서거하기 전, 성 베드로 대성당 지하에 조촐하게 묻어 달라는 유언을 남겼다.

1939년 2월 중순, 작고한 비오 11세의 무덤과 무덤을 둘러싼 작은 예배실을 마련하기 위해 발굴 팀에서 성 베드로 대성당 밑을 파기 시작했다. 바티칸 지하 구역 높이가 6피트(약 1.8미터)에 불과하고 거대한 구조물인 대성당의 바닥이 위로 어렴풋이 보이는 까닭에, 작업은 아래로 파 내려갈 수밖에 없었다. 그 작업 도중 인부 한 명이 소스라치게 놀라는 일이 발생했다. 어쩌다 보니 순식간에 경이로우면서도 그때까지 알려지지 않은 미지의 세계에 들어섰던 것이다. 그곳에는 화사한 꽃(특히 장미)과 새, 선명한 색깔의 과일로 가득한 화병, 목가적 풍경, 큐피드, 날개 단 어여쁜 존재가 그려진 벽화들이 있었다. 어둡고 음울한 지하 세계가 벽화의 밝은 무지개 색깔과 극명한 대비를 이루었다. 바티칸 관료들은 그 벽화가 로마의 위세가 정점을 찍은 1~2세기에 유행하던 로마의 장례용 벽화라고 빠르게 판단했다. 인부들은 더 깊게 파 내려갔고, 황금 브로치가 달린 자줏빛 의복에 싸인 어느 집정관 딸의 유해를 발견했다. 그리고 그들이 찾아낸 가장 놀라운 발견은 2세기 중엽 한 여성의 무덤으로, 다른 무덤보다 훨씬 더 소박한 그녀의 무덤 위에는 기독교 글귀가 있었다.

이는 경이로운 발견이었다. 기독교는 초기 몇 세기 동안 로마 제국에서 은밀하고 불법적인 이교 신앙이었고, 기독교인은 기세를 더해 가던 끔찍한 박해의 대상이었다. 이런 초기 시대를 견디고 지금까지 전해지는 기독교 유물은 극소수에 불과했다. 지중해 지역 세계를 통틀어 지금까지 전해지는 1~2세기 기독교 명문銘文(돌, 쇠붙이, 그릇 따위에 새겨놓은 글.─옮긴이)이나 유물은 이상하리만큼 희귀했다. 여태까지 고고학자들이 발굴해 낸 것이라고는 이스탄불 남부의 비밀 동굴에서 발견한 몇몇 명문, 즉 지하 묘지의 여러 가지 표시, 물고기 상징(익투스)을 통한 암호문, 선한 목자, 변형된 십자가 등이 전부였다. 따라서 인부들과 바티칸 관료들은 이 초기 기독교 여성 신자의 무덤 발견에 놀라움을 금치 못했다.

로마 제국에서는 피를 보는 잔인한 놀이가 인기 있는 유흥거리였다. 박해의 물결이 한창 출렁이던 때에는 잡혀 온 기독교도가 흥분한 수많은 군중 앞에서 고문을 당하고, 공개 처형을 당했다. 때로는 십자가에 못 박혀 죽기도 하고, 화형을 당하거나 끓는 물에 죽기도 하고, 그런 장면을 즐기며 미친 듯이 환호하는 관객 앞에서 야생 동물에게 갈가리 찢겨 죽기도 했다. 기독교 집안 사람은 살아남아 봤자 노예로 전락했으며 재산도 송두리째 빼앗겼다. 밀고자에게는 보상으로 희생자의 재산을 일부 떼어 주었다. 붙잡아 온 기독교인에게는 다른 신도의 이름을 말할 때까지 고문을 가하기도 했다. 로마 제국의 총독 플리니우스는 트라야누스 황제에게 보낸 서한에서 고문을 당해도 자신의 종교를 버리지 않는 기독교인이 많아 좌절감을 느낀다고 언급하기도 했다. 그런 용감한 기독교인이자 페르페투아라는 이름의 젊은 어머니는 203년에 자기 아기를 빼앗긴 후 끌려가 야생 동물에 갈가리 찢겨 죽을 처지였다. 아기와 같이 있게 해 주겠다고 회유해도 그녀는 자신의 신앙을 끝까지 버리려고 하지 않았다. 로마 당국은 그런 기독교인을 이해할 수 없었으며, 따라서 기독교인을 미신을 믿는 적으로 간주하고 로마 제국의 디그니타스dignitas(고대 로마인의 덕목 가운데 하나로 품위 혹은 품격.─옮긴이)에 따라 없애야 한다고 믿었다.

당시 로마 제국은 동쪽으로 페르시아에서 서쪽으로 영국의 랜즈 엔드까지, 그리고 오스트리아의 멜크와 독일의 소도시에서 북아프리카 사막 깊숙이까지 뻗어 있었다. 로마 제국은 오랜 역사 속에서 전쟁에 패한 경험도, 전쟁터를 잃어 본적도 거의 없었다. 로마 제국은 수 세기가 지나도 다시는 도달하지 못할 수준의 공학 기술과 부와 문명을 성취했다. 로마의 평화를 일컫는 그 유명한 팍스 로마나Pax Romana가 지중해세계로 내려앉아 있었다.

로마법에서 범죄자로 낙인찍은 인물을 신으로 공경하는

그 하찮은 기독교 집단의 무례는 로마 입장에서 어느 정도 광기로 여긴다고 해도 참기 힘든 일이었다. 실로 로마 세계는 이 하찮은 종교 집단을 광신도로 치부하여 산산이 해체하지 못했음을 인정할 수밖에 없었다. 기독교도는 특히 비밀스러운 종교 집단으로 여겨졌고, 무시무시한 의식을 거행한다는 비난을 받았다. 그들은 평판이 좋지 않았고 발각되면 죽음을 감수해야 했다. 따라서 기독교인은 자신의 믿음을 남에게 드러내 붙잡힐 만한 어떤 흔적도 남기지 않았고, 동굴과 지하묘지를 추종했다. 그러니 1939년에 로마 권좌의 깊숙한 곳, 한때 로마 제국의 궁전이 서 있던 바로 그 자리로부터 불과 몇백 야드 떨어진 곳에서 기독교의 명문이 발견됐다는 사실은 믿기 어려운 일이었다. 모든 작업은 중단되었고, 이 믿기지 않는 발견을 눈으로 직접 확인하도록 바티칸 최고위직 관료가 소환되었다.

곧이어 비오 12세로 선출될 교황청 국무원장 에우제니오 파첼리가 선임 교황의 시신을 안치하는 책임을 맡았다. 바티칸 성당 제대 아래에서 초기 기독교인의 무덤을 발견했다는 이 사실은 그에게 고대의 기독교 전승 하나를 상기시켰다. 아득히 먼 초기부터 내려오는 기독교 전승에 따르면, 사도 베드로는 로마에 갔고, 66년경 네로 황제에게 처형당한 후 바티칸 언덕에 묻혔다. 로마 대화재 이후 네로의 기독교도 학살 사건에 대한 역사가 타키투스의 서술부터 2세기 초 기독교의 여러 이야기까지, 1~2세기의 수많은 초기 저술도 이런 전승을 뒷받침했다. 게다가 베드로 사후 250년이 되던 해 콘스탄티누스 황제가 베드로를 추모하기 위하여 베드로의 무덤 바로 위에 로마의 첫 번째 성 베드로 대성당을 건축했다고도 했다. 그러나 교회는 이 오랜 전승의 진실을 확인하고자 실시한 1513년과 1683년의 비밀 발굴 작업에서 이교도의 무덤만을 발견했고, 이후로는 베드로의 무덤을 찾는 어떤 노력도 하지 않았다. 베드로가 묻힌 장소는 경건한 전승이지 신앙의 문제가 아니었지만, 특히 종교 개혁의 맹공격 속에 유럽 전역에서 밀려드는 온갖 압력에 직면한 교회는 값비싼 대가를 치르며 지켜 온 가톨릭 신자의 믿음이 불필요하게 동요할까 두려웠다. 가톨릭교회의 권위를 상징하는 중요한 역사적 장소 밑에서 성인의 무덤이 아닌 이교도의 무덤 토대를 발견한 일은 16~17세기에 이미 로마를 중심으로 뜨겁게 타오르던 논란의 불길을 부채질했을 것이다. 바티칸 발굴 작업의 영웅이 될 마르게리타 과르두치는 훗날 이렇게 설명했다. "대성당 아래에서 신도들이 소중히 여기는 전승과 모순되거나 그런 전승을 수정할 수 있는 무엇인가를 발견할지도 모른다는 두려움이 타오르는 호기심을 충족시키려는 열망을 압도했다."

　교황 비오 12세(로마에서 성장했다)는 아주 어려서부터 로마 교회의 초기 순교자에 대한 이야기에 흠뻑 빠져 있었다. 더욱이 고고학이란 학문에 대한 믿음도 깊었다. 바티칸 대성당 지하에서 어느 기독교인의 무덤을 발견하자 비오 12세는 초대 교황을 찾는 가톨릭교회의 발굴 작업을 재개하기로

기도하는 교황 비오 12세.
제공: 존 오닐

했다. 가능성이 희박한 일처럼 보이긴 했지만, 그는 2,000년에 가까운 세월을 가로질러 베드로의 무덤을 찾아내고자 했다. 실패 반복이라는 이력을 무릅쓰고 내린 용감한 결정이었다. 그의 일부 전임자와 달리 비오 12세는 과학, 특히 고고학을 기독교의 적이 아닌 동맹으로 바라보았다. 찰스 다윈과 지그문트 프로이트, 카를 마르크스 같은 인물의 저작이 서구 세계에 미치는 영향이 날로 커지자 비오 12세는 종교적 믿음을 전파하는 데 현대 과학의 활용이 대단히 중요하다는 점을 간파했다. 사도 베드로가 로마에 간 적조차 없다고 주장하는 세속주의자는 수도 없이 많았다. 마틴 루터조차 "로마시에서 성 베드로와 성 바오로의 시신이 어디에 묻혀 있는지, 아니 심지어 그들의 무덤이 과연 로마에 있는지도 알려져 있지 않다"라며 의구심을 표했다. 비오 12세는 성 베드로 대성당 지하에서 초대 교황 베드로의 유골을 발굴하여 신앙과 과학이 강력하게 연결되어 있음을 구체적으로 입증하기를 소망했던 것 같다. 종교와 과학의 사이를 갈라놓으려는 세속 문화가 고조되는 분위기에서도 비오 12세는 과학과 진실은 서로 손을 맞잡고 나아가야 한다고 인식했다. 베드로의 무덤을 찾아낸다면 교회가 소중하게 품어 온 전승을 현대 과학으로 뒷받침하게 되어 암울하면서도 믿음을 쉽게 잃어버리는 시대의 신도에게 필요한 기운을 불어넣게 될 터였다.

그러나 교회가 대공황과 나치의 유럽 점령으로 파산 지경이었기에 교황은 무엇보다 자신의 계획을 실행하는 데 필요한 막대한 자금을 찾아 대서양 건너로 도움의 손길을 보낼 수밖에 없었다. 재산도 많고 교회에 기부도 후하게 하는 텍사스 석유 업자 조지 스트레이크가 베드로의 무덤을 발굴하려는 비오 12세의 꿈을 실현시킬 수 있는 장본인이었다.

놀랍게도 스트레이크는 동참 의사를 밝혔고, 이는 사실상 교회 앞으로 백지수표를 써 준 것이나 진배없었다. 캐럴 신부는 비오 12세와 몬티니에게 스트레이크의 의사를 전달했다. 이후 몇 해에 걸쳐 교회는 이 거대 계획에 관한 일로 스트레이크와 수차례 접촉했다. 당초 의도대로 베드로의 유해 탐색과 스트레이크의 참여는 아무도 모르는 비밀에 부쳐졌다. 이렇게 20세기 최대의 발굴 작업은 바깥세상에는 알려지지 않은 채 철저하게 비밀에 싸여 바티칸 대성당 지하 어두컴컴한 구석에서 시작되었다. 시간이 지나면 이 발굴 작업은 고대 세계를 드러내는 가장 위대한 고고학 현장 중 하나가 발견되도록 이끌 것이다. 이 발굴 모험에는 미국의 바티칸 첩자 등 흥미로운 인물들이 등장한다. 진짜 단서와 가짜 실마리를 수도 없이 지나친 이후, 이 고대의 수수께끼를 완전히 풀어내기까지는 전혀 예상치 못한 천재 여성과 75년이란 발굴 기간이 필요했다. 이 여성이 찾아낸 발견과 그가 겪은 투쟁은 지극히 위대하게 그려진 인디아나 존스나 『다빈치 코드』의 로버트 랭던 같은 소설 속 고고학자의 발견이나 투쟁에 버금가거나 능가한다. 내용이 전개될수록 실화가 소설보다 한층 더 기이하고 환상적임을 알게 될 것이다.

2
조지 스트레이크

어린 시절과 이력

조지 스트레이크는 미국 최대 갑부의 반열에 오를 것 같은 태생이 아니었다. 그는 1894년 미주리주 세인트루이스에서 자녀가 열이나 되는 가난한 집안의 막내로 태어났다. 아주 어려서 부모와 형제 둘을 잃었고, 그런 그를 누나 둘이 키웠다. 집안은 그가 고등학교도 못 가고 중퇴를 해야 할 정도로 가난했다. 스트레이크는 웨스트 유니온에서 전신 배달원으로 일하며 일주일에 9달러를 벌었다. 그는 아주 어린 시절부터 어려운 사람을 잘 도왔고 무엇보다 신앙심이 깊었다. 일요일이면 가톨릭교회에 나가 자신이 번 9달러 중에서 2달러를 꼬박꼬박 헌금으로 냈다. 남은 7달러는 세인트루이스의 방 3칸짜리 연립 주택에서 사는 다른 형제들을 위해 누나들에게 갔다.

스트레이크는 키가 크고 호리호리했으며, 꿰뚫어 보는

듯한 푸른 눈에 지도자다운 통솔력을 타고난 인물이었다. 또한 그는 독서 애호가이기도 했다. 세상만사에 호기심이 많았고 만물이 돌아가는 이치를 배우기 좋아했다. 고등학교에 다니지는 않았지만, 그는 독학으로 배운 지식만 믿고 1913년에 장난삼아 세인트루이스대학교 입학시험을 치렀다. 결과는 합격이었다. 그가 정식 교육도 거의 받지 못하고 학비도 없는 독학생이라는 사실을 알게 된 대학의 행정 관계자들이 그를 전액 장학생으로 받아 주었다. 재학 시절에 그는 우수한 학생이었고, 특히 과학 기술과 재무, 공학 과목을 좋아했다.

스트레이크가 대학을 졸업하던 1917년에는 때마침 제1차 세계 대전이 미국까지 불어닥쳤다. 그는 미국 육군 항공단에 입대하여 무선 교관 겸 통신병이 되었다. 고향에 돌아온 뒤 그는 플로리다 출신의 부유한 젊은 여성과 결혼 직전까지 갔지만, 그녀는 부유하고 자신은 가난하다는 이유로 결혼식을 미루었다. 그녀는 조지에게 멕시코에 가서 돈을 벌어 보라고 권했다. 그녀의 권유를 받아들인 스트레이크는 멕시코 탐피코에 있는 석유 회사 걸프 오일에 입사했다. 탐피코는 험한 지역이었다. 스트레이크는 멕시코 혁명가 판초 비야가 40발이 넘는 덤덤탄(목표물에 맞으면 여러 조각으로 터지면서 심한 상처를 입히는 탄알. ─ 옮긴이)을 맞고 암살된 직후 그곳에 도착했다. 혁명가 사파타와 마데로의 혼령이 여전히 멕시코를 맴돌았다. 전쟁 피해와 혁명으로 인한 대학살의 흔적이 곳곳에 남아 있었다. 노상강도도 난무했다. 스트레이크는 이내 아홉에서 열 명의 직원을 관리하는 탐피코의 걸프 사무소 소장으로 승진했다. 후에 아내가 될 수전 케호도 만났다.

스트레이크와 수전은 샌안토니오에서 각자 휴가를 보내다 만났다. 스트레이크가 다소 까탈스러운 편이었다면, 수전은 유쾌하고 상냥하고 외향적이었다. 그녀가 외지인을 만난 건 처음이었다. 그들이 결혼한 이후, 탐피코에서 이웃에 살던 윌리엄 버클리 가족과 가까운 친구로 지내게 된 것도 수전의 붙임성 있는 성격 덕이었다. 그들은 종종 어린 빌 버클리 주니어(훗날 유명 잡지 『내셔널 리뷰』를 창간)와 그의 형제자매인 짐과 패트 등 버클리네 어린아이를 봐주기도 했다. 그들의 우정은 재정적 동반자 관계로 이어졌다. 스트레이크 부부를 사랑하게 된 버클리는 조지가 걸프 오일을 그만두고 자기 회사 버클리로 온다면, 뉴욕 여러 은행의 지원을 받아 스트레이크의 탐사 작업에 자금을 지원하고 동참하겠다는 의사를 밝혔다.

이런 약속에 힘입어 스트레이크는 걸프 오일의 보안 일을 그만두고 와일드캐터wildcatter로서 독자적인 석유 탐사에 돌입했다. 와일드캐터란 변방의 미개척 지역에서 석유를 찾는, 용감하지만 약간 광적인 석유 업계의 비주류를 일컫는 말이었다. 가령 영화 〈자이언트〉의 글렌 매카시, 그리고 당시 같은 초창기에 미국 최대 유전인 동부 텍사스 유전을 발견한 전설의 콜럼버스 매리언 '대드' 조이너 같은 인물이다. 아이러니하게도 조이너는 가능성이 백 퍼센트도 넘는 동부 유전을 아무엇도 모르는 투자가들에게 팔아넘긴 뒤에야 석유를 발견했다. 1920년대의 멕시코는 여전히 불법이 난무하던 위험 지역이었다. 그곳에서 사람의 목숨은 파리 목숨과 다를 바 없었고, 재산권에 대한 관심도 희박했다. 존 휴스턴의 1948년 영화 〈시에라 마드레의 보물〉에서 묘사하는 멕시코가 바로 그 시절의 멕시코였다. 그러나 영화에 등장하는 채굴 업자와 달리, 스트레이크는 놀라울 정도로 석유 탐사에 성공하며 이윤을 내기 시작했다.

스트레이크는 또한 자신의 이익을 무선 혹은 무선 통신이라는 신기술을 취급하는 미국의 작은 신생업체 RCA에 투자했다. 스트레이크는 육군 항공단에서 무선 장치를 사용해 본 경험이 있던 터라 이 신기술을 어느 정도 알고 있었다. 그 후, RCA는 통신 장치 제조 외에도 방송회사 NBC를 운영했다. 스트레이크는 기술 사업과 석유 투자 분야에서 모두 성공을 거두었다. 그러나 1920년대 말 무렵, 스트레이크는 멕시코에서 벌이는 사업이 끝나 가고 있음을 본능적으로 깨달았다. 그는 탐피코에서 정유와 유전 사업을 시작하고 확장했는데, 이는 결국 멕시코 정부에서 석유업 전체를 장악하게 하는 단초 역할을 했다. 스트레이크는 멕시코 정부의 몰수가 시작되기 훨씬 이전에 사업체를 모두 팔아 25만 달러의 이익을 챙긴 뒤 가족을 데리고 멕시코에서 나왔다. 그는 점점 무법천지로 변하고 정부의 몰수가 심각해지는 멕시코에서 아내와 간신히 빠져나온 것에 감사하며 멕시코와 인연을 끊었다.

그다음에는 또 다른 산업과 새로운 나라, 즉 쿠바에서 자동차를 판매하는 사업으로 관심을 돌렸다. 1920년대 말에는 아바나로 거처를 옮겨 (어쩌면 쿠바에서 유정 한두 곳을 시추하겠다는 생각으로) 자동차 대리점을 시작했다. 석유 탐사업이 불안정해지자 스트레이크는 경제적으로 안정된 토대를 마련하고 싶었다. 당시 자동차 제조업을 지배하던 포드사는 검은색 차만 생산했다. 1920년대 헨리 포드는 "고객은 검은색에 한해서 자신이 원하는 색의 자동차를 선택할 수 있다"라는 유명한 말을 했다. 스트레이크는 이 말을 기회로 받아들였다. 그는 다른 업체에서 생산하는 다양한 색깔의 자동차를 쿠바에서 팔 수 있다고 확신했다. 나중에 보니, 발상은 아주 좋았지만 상황이 너무 나빴다. 설탕 가격의 폭락에 겹쳐 대공황이 쿠바에 똬리를 틀면서 사람들은 제조사가 어디든 혹은 색깔이 어떻든 자동차를 사는 데 거의 관심이 없었다. 남은 자산이 별로 없게 되자 스트레이크는 결국 수전에게 '헤엄쳐서 돌아가기' 전에 쿠바에서 빠져나가야겠다고 말했다.

스트레이크 부부는 다음에는 오리건주로 이주해 좀 더 안정적인 목재 사업을 시작하려고 했다. 그러나 휴스턴에 있던 수전 어머니의 건강이 나빠져 휴스턴으로 돌아갔다. 수전은 친구가 많은 휴스턴에서 사랑을 듬뿍 받으며 살았기에 이 결정이 분명 기뻤을 것이다. 결국 휴스턴으로 이사 가기로 한 결정은 그들의 삶 그리고 수없이 많은 사람의 삶을 바꿔 놓았다.

조지 스트레이크는 사냥 등을 핑계로 야외로 돌아다니길

좋아했고, 수전은 어머니를 간호했다. 그가 휴스턴 근처에서 살펴본 지역은 휴스턴에서 40마일가량(약 64킬로미터) 북쪽에 위치한 소도시 콘로의 동부였다. 그 지역을 둘러보며 스트레이크는 두 가지 이상한 점을 발견했다. 첫째, 콘로 남동부의 한 지역에서는 소 등의 가축이 지하수를 마시지 않으려 한다는 점과 둘째, 같은 지역의 시내와 강 대다수가 남동쪽으로 흐르는 데 반해, 콘로 지역의 시내와 강은 하나같이 북동쪽으로 흐른다는 점이었다. 많은 사람이 이런 이상한 점을 눈으로 보면서도 아무것도 깨닫지 못했다. 그러나 스트레이크는 그 속에서 지하에 방대한 유전이 존재한다는 징후를 포착했다. 그곳의 지형과 지질이 그에게 탐피코 근처에서 일했던 멕시코 유정을 생각나게 했다. 호기심이 발동한 스트레이크는 8,500에이커(약 34제곱킬로미터)의 토지를 저렴한 가격에 임대했다. 자신의 가설과 전망을 내걸며 굴지의 석유 회사 여덟 곳에 자금을 요청했다. 기업에서는 별다른 관심도 보이지 않았고 그를 쓸데없이 마른 유정을 팔러 다니는 그저 그런 몽상가로 여겨 그의 제안을 단칼에 거절했다. 그에게는 지질 전문 직원도 탐사 부서도 없었고, 미국에서 그런 분야로 어떤 실적을 거둔 이력도 없었다. 지진이나 비틀림 저울(비틀림을 이용하여 무게를 재는 천칭의 일종. ─ 옮긴이) 자료도 없었다. 그 지역 유정은 이전에도 십 년 이상 하나씩 시추됐던 적이 있었지만, 예외 없이 전부 마른 유정이었다. 그 지역은 산산이 부서진 꿈과 파산한 기업의 공동묘지였다. 훗날 스트레이크는 석유 회사에서는 자신을 그저 고독하고 미친 와일드캐터로 보았지만, 그는 자신을 신의 가호와 함께 "둘이 뛰는 팀"이라고 생각했다고 말했다. 오랫동안 그의 제안은 그 자신을 제외한 모든 사람에게 불가능한 농담으로 여겨졌다.

마침내 스트레이크는 수전에게 그곳에 석유가 있다고 확신한다며 그들에게 남은 마지막 돈을 그 무모한 계획에 쏟아붓도록 허락해 달라고 부탁했다. 대공황이 한창 기승을 부리던 때였다. 쿠바에서 그랬듯 또다시 실패한다면 빈곤한 생활을 면할 길이 없겠지만, 수전은 검소한 생활이 몸에 밴 스트레이크에게 석유를 발견할 경우 그녀가 어떤 물건을 사더라도 결코 뭐라 하지 않겠다는 약속을 조건으로 내걸며 그렇게 하도록 허락했다.

조지 스트레이크는 시추 작업에 돌입했지만, 1930년대 초에는 거의 쓸모없는 상품이던 천연가스만 발견했다. 임대차 계약을 유지하고 시추 작업을 추가하는 데 필요한 수익을 창출하고자, 스트레이크는 친구이자 같은 가톨릭 신자인 W. T. 모런(같은 미국 중서부 출신이기도 했다)에게 도움을 청했다. 모런은 휴스턴-댈러스 고속도로에 스트레이크의 천연가스에서 액체류를 분리하고 정제하여 휘발유로 판매하는 작은 정유소 겸 주유소를 운영하기 시작했다. 스트레이크는 그 작은 주유소에서 휘발유를 팔아 손에 쥐는 얼마 안 되는 돈으로 임대차 계약을 연장하면서, 마지막 남은 돈으로는 다른 누구보다 더 깊게, 거의 지하 1마일(약 1.6킬로미터) 정도까지 파

들어갔다. 그러다 5,000피트(약 1마일) 깊이에서 거대한 지하 유전을 발견했다. 알고 보니 콘로 들판은 거대한 천연가스 덮개 아래 엄청난 양의 석유가 자리한 유전 지대였다. 이 지대가 5,500만여 년 전 바다 밑에서 생성됐다는 지질학적 이야기는 기적이나 다를 바 없었다. 콘로 유전은 당시 미국에서 발견된 유전 중 세 번째로 큰 유전으로, 업계 속어로 표현하자면 어마어마한 코끼리 유전이었다. 스트레이크는 순식간에 세계 최대 갑부가 되었다. 휴스턴에서 사랑을 듬뿍 받던 그의 용감한 아내 수전은 곧바로 휴스턴과 뉴욕, 파리에서 쇼핑으로 유명해졌다.

　스트레이크의 석유 발견으로 그 자신은 물론, 주변의 많은 사람도 가늠하기 힘들 정도로 부유해졌다. 일례로, 몇 년 후 천연가스의 가치가 급상승하자 스트레이크의 가스를 구입했던 모런의 권리는 주유소 하나에서 공익사업과 송유관이란 거대 재산으로 불어나며 스트레이크에 대한 모런의 신뢰를 몇 배로 보상했다. 콘로의 법원 청사 잔디에는 스트레이크와 그의 위대한 발견 덕분에 콘로시가 대공황에서 무사히 빠져나와 '기적의 도시'로 거듭나게 되었음을 기념하는 표지가 서 있다.

　1933년 1월 12일 아침, 조지와 수전은 눈 깜짝할 사이에 다시 무일푼 신세로 전락할 위기에 봉착했다. 다른 업체들이 운영하던 콘로 유전 지대의 유정 두 곳에서 불길이 치솟더니 핵폭발처럼 거세게 폭발했다. 불길은 몇 마일 밖에서도 목격

되었다. 불타오르던 유정들이 곧이어 지하에서 폭발하며, 깊이를 알 수 없는 듯한 구덩이에 꽂혀 있던 수많은 굴착 장비를 집어삼키는 거대한 분화구 모양의 구멍을 만들었다. 폭약을 터뜨려 불길을 진화한 이후에도, 유전에서는 마지막 남은 것까지 쏟아낼 기세로 600피트(약 183미터) 깊이의 분화구로 석유와 가스를 줄기차게 토해 냈다. 스트레이크의 운이 위기일발의 위기에 처했다.

스트레이크의 행운은 계속됐다. 통제 불능의 구멍을 멈추게 할 수 있다는 조지 이스트먼이라는 엔지니어를 찾아낸 것이다. 석유 역사상 처음으로, 이스트먼은 의도적으로 (수직이 아닌) 비스듬한 구멍을 뚫어 위기 상황을 막았다. 이 수평 시추 공법은 몇 년 후에 수압파쇄법 혁명의 토대가 되었다. 1933년, 온갖 역경을 딛고 수평 시추 공법이 거대한 유전과 조지 스트레이크의 재산을 구해 냈다. 일본의 만주 침공과 이탈리아의 에티오피아 침략으로 전 세계가 서서히 전쟁으로 치달으면서, 세계 유가도 배럴당 0.10달러에서 1.20달러로 급상승했다. 이는 스트레이크 유전의 가치가 한층 더 높아져, 세계 최대 재벌 중 한 명이라는 그의 입지를 더욱 공고히 했다는 의미였다.

조지 스트레이크의 비밀

조지 스트레이크는 사업의 성공을 떠나서도 행복하고 충만

조지 스트레이크.
제공: 존 오닐

한 삶을 누렸다. 그와 수전은 자녀 셋을 두었고, 수전의 다정다감한 성격 덕분에 그들의 사교 생활은 활동적이고 풍요로웠다. 수전은 베풀기 좋아하는 심성으로 휴스턴에서 많은 이의 사랑을 받았다. 스트레이크 부부는 대규모 연회를 열기도 하고 프랭크 시나트라, 도로시 라무어, 제인 러셀, 로버트 미첨 등 유명 인사와 어울리기도 했다. 스트레이크는 유달리 검소하긴 했지만, 자신의 약속을 저버리지 않고 수전이 휴스턴 사교계의 일원으로서, 영화배우의 친구로서, 그리고 뉴욕의 5번가부터 이탈리아의 베네토 거리를 아우르는 중요 고객으로서 지불하는 비용을 단 한 번도 문제시하지 않았다. 그녀를 몹시 사랑했던 수전의 한 친척은 그녀가 사망했을 때 휴스턴의 백화점에서 조기를 달아야 한다는 농담을 던지기도 했다.

제1차 세계 대전 참전 용사이자 무법천지의 멕시코에서 와일드캐터로 활동했고 적어도 세 번에 걸쳐 무일푼에서 거부로 거듭난 스트레이크가 엄격하고 때로는 무뚝뚝한 사람이리라 예상할 수도 있다. 그러나 대다수 와일드캐터와 달리, 스트레이크에게는 아주 이상한 비밀이 하나 있었다. 그는 자신이 방대한 콘로 유전의 일개 주주에 불과하며, 콘로 유전이 자신의 총명이나 가치의 결과가 아닌 신의 선물이라는 특이한 믿음을 갖고 있었다. 그는 자신이 고독하고 미친 와일드캐터와 거리가 먼, 실제로 둘이 뛰는 팀이라고 말했다. 그의 임무는 유전에서 나온 막대한 재산을 신이 승인한 대의에 돌리는 것이었다. 이런 신념에 따라 그는 성 요셉 병원, 보이스카

우트, 고등학교와 대학교 같은 단체에 지원을 아끼지 않았지만, 대부분의 지원을 가톨릭교회에 바쳤다. 스트레이크의 책상에는 또 다른 전설적인 석유 기업가이자 피츠버그 출신의 자선 사업가인 마이클 베네딤의 명언이 놓여 있었다. "신은 당신이 죽는 순간 당신이 얼마나 많은 돈을 갖고 있는지는 관심 없다. 신은 당신이 살아 있을 때 당신이 번 돈으로 무슨 일을 했는지에 관심 있을 뿐이다."

스트레이크는 사람을 좀먹는 돈의 위해성 때문에 막대한 유산을 자식에게 남겨 주는 일을 몹시 우려했다. 살아 있는 동안 자신이 가장 사랑하는 것을 포함해, 모든 재산을 기부할 계획이었다. 그는 기부할 때도 늘 익명으로 해 달라고 요구했다. 마지막 숨이 남아 있는 한, 자신에게 남은 마지막 한 푼까지 기부할 계획임을 종종 밝히기도 했다.

로마에서 비오 12세의 이해하기 힘든 자금 요청 임무를 띠고 온 캐럴 신부는 다른 사람과 달리 거대한 가능성을 알아보는 스트레이크의 불가사의한 능력에 기대를 품고 있었다. 다른 사람은 어떤 가치도 보지 못한 곳에서 있을 것 같지 않은 거대한 지하 유정을 알아봤던 것처럼, 스트레이크는 이제 바티칸 지하에서 기념비적인 고고학적 발견을 하게 될 가능성을 알아보았다. 교황과 마찬가지로 스트레이크도 어린 시절부터 초기 기독교 교회에 심취했다. 신앙심도 깊어 거의 매일 성서를 읽었다. 베드로를 발견하게 되리라는 자신의 믿음도 의심하지 않았다. 부유한 사람이 록펠러 센터나 스탠퍼드

대학교 혹은 카네기 홀처럼 자신의 이름을 내세운 대규모 계획을 세우는 시대에, 스트레이크는 어떤 것도 자신의 이름을 따서 명명하지 못하게 했다. 자신이 사도 프로젝트에 참여했다는 사실도 극비에 부쳐 주길 원했다. 교황은 계획에 완벽하게 들어맞는 동참자를 찾아냈다. 스트레이크로서는 인생에서 가장 무모한 탐사 대상을 찾아낸 것이었다.

3
베드로

(예수께서) "나를 따라오너라. 내가 너희를 사람
낚는 어부가 되게 하겠다"하고 말씀하셨다. 그들
은 곧 그물을 버리고 예수를 따라갔다.

— 「마르코의 복음서」 1장 17~18절

사도 베드로는 어떤 인물이었을까? 베드로를 규정하는 특징
은 무엇일까? 베드로의 유골(만약 존재한다면)을 발견하거나
베드로와 관련된 유물을 발견하면 어떤 좋은 점이 있을까?
살기등등한 네로 황제 시대에 위험을 무릅쓰고 베드로가 정
말 로마에 갔거나 로마에 남아 있었을까?

대다수 이야기에 따르면, 베드로의 본명은 시몬으로 갈
릴리 호수 근처에서 예수를 만났을 당시 소박하고 별 특징 없
는 중년의 중류층 유대인 어부였다. 베드로는 서기 첫 천 년

이 시작된 무렵 갈릴리에 있는 벳새다 마을(현재는 시리아 영토)에서 태어났다. 복음서에 따르면, 그의 아버지 이름은 요한이었으며, 그에게는 마찬가지로 예수의 사도가 된 안드레라는 형제도 있었다. 베드로는 결혼을 했고, 예수가 병든 그의 장모를 낫게 했다. 처가 식구는 쾌적한 연안 도시 가버나움에서 살았다. 그에게 자식 셋이 있었다고도 한다.

베드로는 갈릴리 호수에 자기 소유의 배가 있었다. 어망을 던지고 당기며 사는 단단하고 억센 사내였을 것이다. 그는 모든 면에서 전형적인 1세기 사람으로 별반 특징 없는 영세업자였다. 서기 30년경에 예수를 만나지 않았다면 오래전에 역사에서 완전히 사라져 잊혔을 인물이었다.

베드로는 "사람 낚는 어부"가 되라는 사실상 낯선 이방인의 권유를 긍정적으로 받아들여 자신의 집과 배, 사업 그리고 어쩌면 뒤따르는 가족도 버리고, 전 세계에서 이상주의적이고, 전적으로 비현실적이며, 돈키호테 같은 몽상가로 간주될 한 인간의 으뜸 사도가 되었다. 그 인간이 바로 예수였다. 예수는 어부 시몬이 맡을 새로운 사명을 표시하고자 그에게 새로운 이름을 부여했으니, 고대에는 흔치 않던 반석이라는 의미의 '페트로스Petros', 즉 '베드로'였다. 성서에서는 이 이름이 다른 누구에게도 부여되지 않는다. 베드로의 믿음이 예수를 저버린 때도 종종 있었지만, 베드로는 예수가 오랫동안 기다려 온 메시아라고 주장한 최초의 인물이었다(「마태오의 복음서」 16장 13절 참조). 대신 예수는 베드로에게 '왕국의 열쇠'를 주었다.

어부 베드로가 갈릴리 호수에서 예수의 권유로 따르게 된 길은 비틀리고 구부러진 곳이 셀 수도 없이 많은 험난한 길이었을 터이다. 그는 향후 30년 동안 소박한 갈릴리를 떠나 머나먼 곳까지 여행하며, 마침내 초대 교황이자 가장 위대한 기독교 성인 가운데 한 명으로 추앙받고, 일부 이슬람교도가 가장 위대한 기독교 지도자로 꼽는 인물로도 평가된다.

베드로는 자신이 네로의 노여움을 산 인물이라는 점을 알면서도 실제로 로마에 와서 머물 정도로 용감했을까, 아니면 황제의 악명 높은 잔인을 피해 달아났었을까? 대답은 '둘 다 가능하다'이다. 예수에게 도움이 가장 절실하게 필요한 순간 그를 알지도 못한다고 세 번이나 부인한 베드로는 예수를 체포하러 오는 병사들로부터 예수를 지키기 위해 안간힘을 쓴 바로 그 인물이다. 훗날, 물 위를 걸으려다 실패한 이 사람이 예수를 체포한 재판소 산헤드린Sanhedrin 앞에 두 번이나 나타나 그들이 예수를 비겁하고 사악하게 대우했다고 비난한 바로 그 인물이다. 베드로는 분명 황제의 본거지에서 황제의 면전에 대고 황제를 거역할 수도 있는 동시에, 황제를 피해 달아날 수도 있는 사람이었다. 그는 우선 도망치고 난 다음 자신의 비겁이 수치스러워 죽음을 무릅쓰고 다시 돌아올 그런 유형의 사람이었을 것이다.

그러나 전승에 따르면 베드로는 로마에 머물렀고(혹은 로마로 돌아와) 65년경에 십자가에 거꾸로 매달려 처형당했다. 고대부터 전해 오는 이 이야기가 사실이라면, 고고학 발굴 조사로 무엇을 발견하게 될까? 육체적으로 강건하고 십자가형을 당한 흔적이 남아 있는 60대 남성의 유물이 될 가능성이 컸다. 로마 시민이 되어 자기 민족을 죽였던 유대의 변절자 장군 요세푸스는 로마 병사들이 재미 삼아 유대인 포로를 다양한 자세로 십자가에 못 박아 죽이곤 했다는 글을 남겼다. 타키투스는 특히 네로 황제가 유대인을 십자가에 거꾸로 매달아 죽이는 장면을 묘사했다. 2,000년이란 세월을 어떻게든 견디고 남아 있다면, 베드로의 유골은 잔학한 십자가형의 흔적을 드러낼 확률이 높았다.

마지막으로 기독교인이 초대 교황 베드로의 유골을 발견하고 보존했다는 옛 전설이 사실이라면, 그들은 그 장소를 표시하기 위해 어떤 존경의 상징을 남겼을 것이다. 명문을 감싼 천이나 숨겨 둔(기독교인은 네로 이후 250년간 계속 박해를 당하기에 숨겨 두었을 것이다) 명문 같은 것을. 고고학자들은 어떤 흔적을 찾게 될까? 베드로라는 이름은 예수가 시몬에게 붙여 주기 전까지 거의 알려지지 않았기 때문에, 1세기 때부터 '페트로스'를 가리킨다고 밝혀진 유물은 모두 초대 교황을 가리키는 게 거의 틀림없다. 특히 페트로스를 의미하는 'P' 또는 'Pe'를 넣어 열쇠 상징을 그린 그림도 분명 베드로를 의미할 것이다.

베드로가 로마에 간 적이 없다고 주장하는 세속주의자도 많다. 마틴 루터도 성 베드로와 성 바오로의 유골이 로마 어디에 있는지 혹은 그들이 로마에 머물렀던 적이 있는지를 아는 사람은 아무도 없다고 주장했다. 로마에서 베드로의 존재나 그의 죽음을 나타내는 물리적 흔적이 발견된다면, 기독교에서 믿어 온 수많은 이야기가 입증될 것이었다. 또한 초기 기독교 저술을 뒷받침하는 고고학적·물리적 증거를 제공하게 될 것이었다. 반면에, 발굴 조사가 베드로의 유해를 찾는 데 실패한다면, 루터를 비롯한 수많은 사람이 가톨릭교회와 초기 기독교 역사에 대한 가톨릭교회의 설명에 품어 온 회의론이 입증될 수도 있었다.

베드로의 유해가 어떻게든 확인된다면, 그의 죽음에서 비오 12세의 발굴 작업까지 2,000년이란 오랜 세월 동안 제기되어 온 다음 질문에 대한 답이 나올 것이다. 베드로에 대한 서술이 과연 정확했을까? 네로의 박해 시기에 베드로가 정말 로마에 갔을까? 베드로가 십자가에 거꾸로 매달려 처형된 후 로마에 안장되었을까? 베드로의 친구들이 그에게 경의를 표했을까? 표했다면 어떻게 표했을까?

4
로마 대화재

'괴물' 네로 황제는 54년부터 68년까지 로마 제국을 통치했다. 네로는 로마 역사상 믿을 수 없을 만큼 잔인했던 황제로 특히 유명하다. 그가 황제에 오르기 위하여 양아버지를 독살하는 일에 가담했고 그 일을 농담으로 삼았다는 설도 있다. 그는 자신의 생모와 아내도 처형했다. 의붓동생을 독살하고 임신한 두 번째 아내를 발로 차 직접 죽였다고도 한다. 네로는 로마시를 피바다로 만들었고, 이런 잔학 행위에 어떤 계층도 어떤 사람도 예외는 없었다. 올림픽 전차 경기 도중 낙마하고도 일등 자리를 꿰차는 등 비겁한 허세로도 유명했다. 음치인 네로가 부른 가장 유명한 노래는 로마가 불타는 동안 부른 노래였다고도 한다. 네로는 율리우스 카이사르에서 출발해 한때 로마인의 사랑을 듬뿍 받던 위대한 왕조의 마지막 황제였다. 네로는 재위 중에 눈부신 군사적 개가를 올렸고 로마 시민에게 식량과 보석과 재산을 나눠 주기도 했다. 그러나 잔인하고 사악한 광기를 부려 로마에서 엄청난 증오의 대상이 되었다. 68년 권좌에서 쫓겨난 네로는 자신을 숨겨 줄 친구를 단 한 명도 찾을 수 없었다. 그가 20세기 아돌프 히틀러처럼 한편으로는 자신의 위대함을 과시하면서 다른 한편으로는 비겁한 자살로 이승에서 빠져나간 인물이었다는 사실은 아이러니하지 않을 수 없다.

　때는 바야흐로 64년의 무더운 여름, 네로는 인류 역사상 최대의 궁전을 복잡한 로마 한복판에 건설할 계획을 세웠다. 넓은 호수와 정원은 물론 100피트(약 30미터)에 달하는 자신의 초대형 동상, 일명 거대한 네로라는 뜻의 콜로서스 네로도 세울 작정이었다. 태양신인 네로가 방향타를 잡고 자기 발아래의 세계를 호령하는 형태였다. 당시 로마는 인구 100만이 넘는 세계 최대의 도시였고, 이렇게 인구 밀도가 높은 도시 한복판에 궁전을 세우려면 땅, 그것도 넓디넓은 땅이 필요했다.

　따라서 로마인과 당대의 역사가 대다수는 64년 7월 18일 저녁에 전차 경기장 키르쿠스 막시무스 남동부 지역의 수많은 상점에 거대한 화재가 발생한 것이 우연의 일치가 아니라고 믿었다. 로마에서도 드물게 유난히 더운 밤이었고, 바람도 거세게 불었다. 불은 순식간에 로마의 상류층 지역인 팔라티노 언덕으로 치달으며 로마에서 가장 유서 깊은 지역들을 파괴했다. 로마의 수호신 유피테르의 고대 신전이 로마의 중심

광장 포럼과 함께 타올랐다. 불길은 다층형 목제 공동 주택이 빼곡히 들어찬 수부라 지구까지 번졌다. 화마는 6일간의 낮과 7일간의 밤 동안 기승을 부렸고, 결국은 로마 시내 14개 지구 중 10개 지구를 훼손하거나 깡그리 파괴해 버렸다.

방화범들이 조직적으로 저지른 화재라는 소문이 로마를 휩쓸었다. 네로가 파괴된 지역 상당 부분에 웅장한 황궁을 세울 것이라고 주장함에 따라, 로마인은 잔혹한 네로가 피해자를 염려하는 그의 가식적인 주장과 달리, 그 대형 화재를 일으킨 장본인이 아닌지 의심하기 시작했다. 이런 의혹에서 벗어나고자 네로는 (몇 세기 후의 히틀러와 마찬가지로) 화재의 책임을 별로 알려지지 않은 한 작은 종교 집단에 떠넘기기로 했다. 로마인이 사형에 처한 범죄 혐의자를 신으로 숭배하는 기독교인은 표적으로 써먹기에 아주 그만이었다. 네로는 기독교인을 믿을 수 없을 정도로 잔인하게 핍박했는데, 고대의 기준으로도 가혹할 정도였다.

기독교인이 고문과 처형을 당한 장소는 네로가 거대한 황궁을 꿈꾸며 지은 도무스 아우레아Domus Aurea(황금 궁전) 내에 있던 정원과 전차 경기장이었다. 네로는 남녀 기독교인을 기름에 담갔다가 불이 잘 붙는 천 등에 말아 장대에 매달고 산 채로 불을 붙여 정원을 밝히는 인간 횃불로 썼다. 여자와 아이를 동물 가죽 속에 꿰매 넣고 개를 풀어 물어뜯게 하기도 했다. 그는 기독교인을 수백 명씩 십자가형에 처했는데, 가끔 거꾸로 십자가에 매달기도 했다. 역사가 타키투스처럼 무정

한 로마인조차 네로가 기독교인을 유난히 가혹하게 다룬다고 생각했다. 네로의 잔인은 환호하는 상당수 로마 군중의 기분을 상하게 하는 것 같지 않았다.

기독교 전승과 훗날의 여러 저술에 따르면, 이 박해 시기에 네로는 초기 기독교회의 두 위대한 지도자 베드로와 바오로를 찾아내 유죄 판결을 내리고 처형했다. 이런 전승에서 베드로는 오랫동안 끔찍한 옥고를 치르고 난 뒤 자진해서 십자가에 거꾸로 매달려 처형당했다고 전한다. 그는 자신이 예수와 똑같은 방식으로 죽을 자격이 없다고 생각했다. 또한 로마의 사형 집행자들이 베드로의 시신을 쓰레기장으로 사용하던 인적이 드문 근처 언덕 공터에 내다 버렸지만, 기독교인들이 몰래 그의 시신을 수습하여 그 언덕에 매장했고, 그 장소는 곧 기독교인의 비밀 예배 장소가 되었다고 한다. 그곳의 이름이 바로 바티칸 언덕이다.

5
바티칸 언덕

오늘날 110에이커(약 0.4제곱킬로미터) 규모의 바티칸 시국은 가톨릭교회의 본산이자 교황의 거처이며, 세계에서 가장 작은 독립 국가이다. 그곳의 절반 이상이 정원이며, 어떤 정원은 연대가 1200년까지 올라가기도 한다. 성 베드로 광장과 르네상스 시대의 성 베드로 대성당 외에도 역사적인 미술품과 조각상을 세계에서 가장 많이 소장하고 있는 곳이 바로 바티칸 시국이다. 바티칸 미술관에는 생명의 실을 짜고 보살피다 마침내 자르는 삼미신三美神, **Three Graces**처럼 서구의 역사를 담아낸 고대 조각상들이 있다. 카이사르 아우구스투스의 실물 크기 조각상(프리마 포르타의 아우구스투스)은 마치 1세기 때 얼어붙은 것처럼 아래를 응시하고 있는 한편, 티치아노와 라파엘로의 성모 마리아는 다빈치의 〈광야의 성 히에로니무스〉와 뒤섞이며 미켈란젤로의 위대한 시스티나 성당 천장화로 이어진다.

　미켈란젤로는 그의 최후 걸작인 프레스코 벽화 〈성 베드로의 순교〉를 시스티나 성당 바로 밖에서 작업했다. 이 벽화는 베드로가 바티칸 언덕에서 십자가에 거꾸로 매달려 처형당하는 장면을 담은 작품이다. 미켈란젤로는 베드로의 죽음을 지켜보며 슬퍼하는 구경꾼으로 자신을 그려 넣기도 했다. 그는 자신의 그림이 수세기 후 베드로 유해 탐색 작업에서 실마리이자 확증이 되리라고는 짐작조차 하지 못했다.

　3,000가지 이상의 석조 명패와 명문으로 이루어진 전시실은 서로마 황후 헬레나(베드로를 찾는 탐색 이야기에도 등장)의 장례용 석관과 더불어 역사를 대변한다. 그러나 사도 프로젝트를 진행하기 전까지, 바티칸 역사상 가장 위대한 전시실이 바티칸의 내부가 아닌 '지하'에 있다는 사실은 놀랍게도 세상에 전혀 드러나지 않았다. 그곳에 한 시대의 역사가 거의 2,000년 동안 아무 말 없이, 꽁꽁 얼어붙은 채 어떤 침범도 당하지 않고 고스란히 놓여 있었는데도 말이다.

　비오 12세가 착수한 사도 프로젝트의 복잡성을 이해하려면 2,000년에 달하는 세월을 거슬러 올라가야 한다. 사실 바티칸 언덕은 복잡하게 조성된 구조물이다. 현재 거대한 성 베드로 대성당이 자랑스레 서 있는 이 언덕은 예전에 로마 성벽 밖에 자리한 쓸모없는 모래 언덕이었다. 농지로도 쓸모없던 터라 아주 오랫동안 노예나 동물이나 가난한 자의 시체를 갖다 버리는 장소로 쓰였다. 위치는 테베레강과 로마 중심부의 서쪽이었다. 칼리굴라 황제는 재위 중에 바티칸 언덕 근처에 경주로를 만들었고, 네로가 자신의 잔인성을 실천하곤 했던 정원들도 인근에 있었다.

베드로가 사망한 지 얼마 지나지 않아 기독교인은 그들이 베드로가 안치되었다고 믿은 바티칸 언덕의 어떤 장소에서 비밀리에 예배를 올리기 시작했다. 세월이 흐르며 거듭되는 핍박 속에서 기독교인들은 언덕을 올라 베드로가 안치되었다고 믿었던 장소로 갔을 것이다. 그러나 언덕으로 오는 인적도 얼마 안 가 드물어졌다. 명망 높은 이교도 가족들이 이 지역을 매장지로 사용하면서, 바티칸 언덕은 250년 동안 주로 이교도 무덤이 들어서는 네크로폴리스로 점차 변했다.

기독교인에 대한 최악의 박해 사건들은 발레리아누스 황제와 디오클레티아누스 황제 치세 때인 약 250~313년 사이에 일어났고, 그 후로는 박해의 폭풍도 잦아들었다. 그러다 콘스탄티누스 황제(약 300~337년)가 집권하면서 기독교인에 대한 핍박은 거의 사라졌다. 콘스탄티누스 황제는 312년 그가 '이것으로 승리를 거두리라'라는 말과 함께 하늘에서 십자가를 보았다고 주장하는 밀비우스 다리 전투에서 승리한 후 서로마 제국을 통치하게 되었고, 동로마 황제와 함께 밀라노 칙령을 선포하여 기독교인이 자유롭게 예배할 수 있도록 허용했다. 훗날 로마 제국 전체를 통치하게 되자 콘스탄티누스 황제는 수도를 로마에서 콘스탄티노폴리스로 옮겼다. 그는 평생 혹은 평생에 가까운 세월을 이교도로 남아 있었던 것 같지만, 기독교도인 어머니 헬레나의 청을 받아들여 예로부터 베드로의 무덤이 있다고 여겨진 바티칸 언덕 꼭대기 근처에 교회를 세우도록 허락했다.

교회를 세우려면 토대를 고르게 조성해야 했지만, 바티칸 언덕은 전혀 평평하지 않았다. 베드로의 것으로 알려진 무덤은 언덕 꼭대기가 아니라 수많은 명문가의 가족묘로 둘러싸인 꼭대기 근처에 있었다. 이런 매장지를 훼손하면 황제의 미움을 크게 살 우려가 있었다. 어쩌면 역사상 가장 위대한 공학 기술자였을 로마인은 주변에 이미 수많은 이교도 무덤이 있는 언덕에 흙을 수백만 피트씩 매립하여 문제를 해결했다. 그 결과 지하에 거대한 비밀 네크로폴리스가 만들어졌고, 그곳은 새롭게 들어선 교회의 지하 시공간 속에 얼어붙은 채 잠들었다.

로마의 가족묘

로마인 가문의 위엄과 역사를 기리는 최고의 기념비는 선조 대대로 내려온 유골과 흉상, 초상화를 간직한 가족묘였고, 유물 중에는 연대가 수백 년씩 거슬러 올라가는 것도 많았다. 로마의 사회 기본 단위는 가족이었다. 파테르 파밀리아스**pater familias**(집안의 남자 가장)는 가족 모두의 생사를 좌우할 권한을 갖는 대신 공화국을 상대로 가족의 행동에 대한 책임을 짊어졌다. 한 시민의 지위와 디그니타스는 곧 그 가족의 지위였다. 따라서 가족묘는 사실상 가문의 역사를 (더불어 로마의 역사를) 보관하는 박물관으로서 조상을 기리는 동시에, 오가는 사람에게 가문의 그라비타스gravitas(위엄)를 과시하려는 의도로 조성되었다. 로마로 들어가는 가장 유명한 길목인 아피아 가도 양옆에는 율리아, 스키피, 호라티아, 코르넬리, 그리키 등 로마 역사상 최고 명문가의 가족묘가 줄줄이 늘어서 있었다. 영국의 시인 토머스 배빙턴 매콜리가 로마의 어느 다리를 지키다 죽음에 직면한 로마의 전설적인 영웅 호라티우스가 다음과 같이 외쳤다고 묘사한 것도 우연은 아니다.

> 이 지상의 모든 사람에게
> 늦든 빠르든 죽음은 찾아온다.
> 선조의 유해와 신의 전당을 지켜 내기 위하여
> 두려운 위험에 맞서는 것보다
> 더 고귀한 죽음이 있겠는가.

410년 서고트족의 로마 침공과 약탈을 계기로 수백 년에 걸친 노략질이 시작되어 455년에는 반달족, 846년에는 사라센 제국, 1527년에는 게르만족이 침입했다. 아피아 가도의 명문가 묘지는 폐허로 전락했다. 이방 세력의 침입으로 로마 제국은 멸망했다. 로마는 고대의 폐허로 가득한 도시로 변했으며, 콜로세움은 절반이 주저앉았고, 포럼과 원로원은 무너진 돌무더기가 됐으며, 유명 목욕탕과 주택은 이제 한갓 돌덩

이와 빛바랜 추억이 되었다. 그러나 바티칸 지하 가족묘의 운명은 달랐다. 로마 제국을 덮친 강력한 이민족의 침입으로 고대 서구 문명이 무너지고 명맥만 간신히 유지하게 되면서, 바티칸 지하에서 콘스탄티누스 황제의 의도치 않은 보호로 살아남은 명문가 가족묘에 대한 기억 또한 사라졌다. 콘스탄티누스 시대의 공학 기술 덕분에, 이 가족묘들은 아피아 가도의 묘지와 달리 이민족의 대대적인 로마 침입에도 무사히 살아남아, 침략자에게는 알려지지 않은 채 337년에 새로 건축된 대성당 지하에 묻힌 상태 그대로 남아 있었다. 외부 세계는 바티칸 문서고에 있는 몇몇 전설과 고대 저술을 통해서만 베드로의 무덤에 대해 전해 들었을 뿐이었다. 대성당 지하 묘지는 시간과 공간 속에 정지된 채 남아 있었다.

바깥세상은 변했다. 콘스탄티노폴리스로 옮겨진 제국의 수도는 1453년 오스만 제국에 정복당할 때까지 존속되었다. 서로마 제국의 수도는 결국 다시 옮겨졌고, 이번에는 라벤나였다. 로마는 로마 시대의 중심에서 변방으로 전락했다. 4세기 후반, 한때 세계를 호령하는 군사력을 자랑하던 로마 군단이 우선 자기들끼리 전쟁하면서 와해되었다. 그러자 침입자가 먹잇감의 허약을 감지한 늑대처럼 몰려와 서로마 제국을 몰락시켰다. 알라리크 치하의 서고트족이 로마군을 무너뜨리고 로마를 약탈했다. 그 뒤를 이어 반달족이 침입했는데, 이 종족의 이름은 무차별적인 파괴를 일삼은 그들의 행태를 일컫는 단어가 되어 지금까지 전해진다. 믿음 때문이었는지, 아니면 미신 때문이었는지 이런 침입자들도 나무로 지은 성 베드로 대성당 자체는 파괴하지 않았다. 반달족이 대성당을 뜯어내고 약탈한 것만은 분명했지만 말이다. 대성당 건축에 참여했던 사람이 전부 사망하고, 로마 명문가가 무너지고, 성 베드로 대성당에 관한 거의 모든 문서는 물론 그 문서를 해독할 수 있는 사람 거의 모두가 사라지면서, 로마와 서구 사회를 휩쓴 파괴의 물결도 지나갔다. 성 베드로 대성당 지하에 묻혀 잊힌 무덤들을 바깥세상에 드러내지도, 어떤 손도 타지 않은 본래 그대로의 모습으로 남겨 둔 채.

해석 능력과 학문이 서쪽에서 되살아나기 시작했을 무렵에는 로마의 예술과 역사를 품은 세계 최대의 보고寶庫 중 하나가 발밑으로 불과 몇 야드 아래 놓여 있다는 사실을 교황이나 미켈란젤로, 라파엘, 메디치 가문 혹은 베르니니에게 전해 줄 어떤 기록도 남아 있지 않았다. 아이러니하게도 그 유명한 르네상스 화가와 조각가의 발아래에 감춰져 있던 묘지들에는 티치아노, 보티첼리, 루벤스 등 위대한 화가가 담아낸 것과 같은 주제가 일찍이 1,500년 전부터 간직되어 있었다. 레다는 백조를 만났고 아름다운 비너스는 세상에 알려지지 않은 어두컴컴한 묘지 사이에 비스듬히 누워 있었다.

새로운 대성당

옛 성 베드로 대성당은 나무로 지은 건물로 전체 길이가 340

피트(약 104미터)가 넘었다. 337년경에 완공된 후 이 교회는 1,200년 동안 기독교의 중심에 서 있었다. 서구 역사를 장식하는 수많은 사건이 나무로 지어진 이 교회에서 일어났다. 800년에 거행된 샤를마뉴의 서로마 황제 대관식 등 여러 행사가 그곳에서 거행됐다. 수많은 왕과 황제가 그곳에서 왕좌에 오르고 안장되었다. 1,000여 년 동안 그 건물 안에서 200명이 넘는 교황이 선출되어 자리에 앉았다. 교황도 성인과 영웅부터 종교에는 무관심한 보르자 가문 출신까지 다양했다. 그러나 그렇게 많은 교황과 오랜 역사가 이어지는 동안, 대성당 지하의 고대 묘지는 방해받지 않았다. 대성당 지하 묘지는 세상에 알려지지 않은 채 오래도록 잠에 빠져 있었다. 로마 성벽 외곽에 방어 시설 하나 없이 나무로 만들어 놓은 옛 대성당은 걸핏하면 약탈의 제물이 되긴 했지만, 놀랍게도 단 한 번도 불에 타거나 송두리째 파괴된 적이 없었다.

1450년경, 1,000년을 내려오던 목재 대성당이 무너져 내리기 시작했음이 확연히 드러났다. 교황 니콜라오 5세와 율리오 2세는 옛 성 베드로 대성당을 거대한 새 성당으로 바꾸기로 결정했다. 반달족과 사라센 제국의 침입에서 살아난 옛 성 베드로 대성당도 웅장한 재건축 계획 앞에서는 살아남지 못했다. 대체로 1,000년을 거슬러 올라가는 놀라운 미술 작품과 조각상, 지하 예배소가 가차 없이 철거되면서 유서 깊은 성 베드로 대성당은 거의 대부분 파괴되었다.

그렇게 파괴된 미술품 중에는 중세 후반 조토 등의 거장 손에서 탄생한 프레스코 벽화와 모자이크 작품도 있었다. 이런 작품이 옛이야기나 여기저기 흩어진 부분으로만 존재한다는 점은 비극이 아닐 수 없다. 여타 무덤과 기념비와 함께 교황의 무덤도 100곳 이상 소실되었다. 실제로 건축에 따른 이 파괴는 시간이나 심지어 약탈자의 파괴보다 훨씬 더 심각했다. 그나마 다행스러운 건 건축업자들이 옛 제단과 지반에는 손을 대지 않고, 그저 그 위에 새로운 건물을 세웠다는 점이었다. 신축한 대성당 지하 네크로폴리스는 그 1,000년의 잠을 지속하며 거대한 교회가 새로 지어지는 상황에서도 세상에 알려지지 않고 원래 모습을 유지했다.

새로운 성 베드로 대성당 건축을 추진한 교황 율리오 2세는 신축 대성당 1층에 자신의 거대한 무덤을 만들 작정이었고, 그 작업은 미켈란젤로가 맡을 예정이었다. 무덤은 미켈란젤로가 율리오 2세의 의도와 다르게 심하게 축소해 만들기는 했지만, 율리오 2세의 선종 이후 다른 교회에 놓였다. 그리고 그 바람에 율리오 2세는 그 무덤에 안장되지 못했다. 대신, 정략과 허식, 권력의 변덕스러움을 증명이라도 하듯, 막강한 권력을 자랑하던 율리오 2세는 성 베드로 성당 1층에 어떤 종류의 기념비도 없이 안장되었다. 오늘날 율리오 2세를 추모하는 것은 하도 소박해서 찾기도 어려운 대리석 석판뿐이다.

1626년, 베르니니의 청동 발다키노**baldacchino**(천개天蓋라는 뜻으로, 성 베드로 대성당의 중심에 있는 제단.—옮긴이)를 설치하기 위한 굴착 작업이 지하 네크로폴리스까지 깊이 파 들어갔

바티칸 대성당 지하에서 발견된 로마의 무덤으로
전차의 무덤이라고 알려져 있다.
제공: 성 베드로 대성당

다. 이 작업으로 로마 집정관 플라비우스 아그리콜라의 석관을 포함한 다양한 이교도의 무덤이 모습을 드러냈다. 석관 뚜껑 위에 와인 잔을 들고 길게 드러누운 플라비우스는 이런 충고의 말을 새겨 전했다.

꽃에 둘러싸여 와인을 섞어 깊이 들이켜라. 그리고 어여쁜 아가씨들을 기꺼이 즐겁게 하라. 죽음이 찾아오면 흙과 불이 모든 걸 집어삼키리니.

사제들과 인부들은 대성당 제대 밑에서 성인이 아닌 이교도 난봉꾼을 발견했다는 사실이 두려운 나머지 플라비우스의 석관 일부를 테베레강에 버리고, 현장을 밀폐한 다음 해당 명문을 바티칸 도서관에 비밀로 봉해 버렸다. 때는 바야흐로 치부 은폐로 악명 높은 '무화과 나뭇잎 운동'의 시대로, 당시엔 미켈란젤로의 〈최후의 심판〉에 나오는 누드 부분도 색을 덧칠하거나 보이지 않도록 가렸으며 성 베드로 대성당의 고대 로마 조각상에도 무화과 나뭇잎을 그려 넣었다.

마찬가지로 이후 주기적으로 시행된 발굴 작업에서도 성자보다는 이교도의 무덤이 발견되면서, 기독교의 위대한 본거지가 성자의 무덤이 아닌 이교도의 무덤 위에 지어졌을지 모른다는 끔찍한 가능성을 드러냈다. 앞서 언급했듯이, 루터 같은 프로테스탄트 지도자는 베드로가 로마를 방문한 적이라도 있었는지 의문을 제기했다. 그들은 베드로로부터 전승되었다는 위대한 대성당과 교황 제도 자체를 사기라고 비난했다.

1939년, 2,000년이란 길고 긴 잠이 끝나가고 있었다. 그해 2월, 교황 비오 11세의 유지를 받들어 그의 유해가 성 베드로 성당 제단 아래 작은 동굴에 안장되었다. 비오 11세는 독일의 황제 오토 2세, 영국의 왕 제임스 3세, 스웨덴의 크리스티나 여왕을 비롯한 수많은 교황과 왕 옆에 나란히 잠들었다. 교회는 지하의 작은 동굴에 안장해 달라는 그의 유언을 받드는 것은 물론, 그의 무덤을 예배실에 안치하기로 했다.

지하 동굴은 천장이 낮았기 때문에 예배실을 갖추려면 바닥을 낮추어야 했다. 바닥을 파내는 작업과 거의 동시에 충격적일만큼 아름답고, 눈부시게 밝은 색에, 학과 꽃, 돌고래, 작은 사람, 심지어 바다에서 떠오른 비너스가 마치 살아 숨 쉬는 것처럼 생생한 제례용 벽화를 발견했다. 정성 들여 만든 어느 집정관 딸의 무덤을 먼저 발견한 굴착 작업자들은 곧이어 아에밀리아 고르가니아라는 총애를 받았음이 분명한 젊은 여성 기독교도의 무덤도 찾아냈다. 고르가니아는 150년경 로마에서 스물여덟 살의 아름답고 순진무구한 부인으로 유명했다. 그녀의 무덤 주변에는 '편히 잠들다'라는 뜻의 초기 라틴어 "Dormit in pace"가 쓰인 명문을 포함한 여러 기독교 명문이 있었다. 더불어 우물물을 길어 올리는 여성의 그림도 있었다(천상의 식사를 상징하는 초기 기독교의 흔한 모티브로써 사마리아 여성의 이야기를 나타내기도 한다. 그러나 이 그림

속 여성이 예수가 사마리아 마을로 보낸 첫 전령인 것 같지는 않다). 그녀 옆으로는 "마음씨 상냥했던 고르가니아"라는 글 귀도 새겨져 있었다. 얼마 지나지 않아 보석을 두른 로마인들과 무덤들을 찾아내는 놀라운 발견이 지하 네크로폴리스에서 이루어졌다. 작업은 중단되었고 발견 내용이 비오 12세에게 보고됐다.

비오 12세는 이제 어려운 결정을 내려야 했다. 대성당 지하를 계속 발굴하여 최종적으로 베드로가 그곳에 매장되어 있는지 증명할지, 아니면 1626년처럼 작업을 중단하고 발굴 작업을 아예 한 적도 없는 것처럼 은폐하고 모든 기록을 바티칸 도서관에 봉인해 놓을지. 비오 12세는 발굴 작업을 계속한다는 믿기 힘든 용감한 결정을 내렸다. 1626년에 발굴을 추진했던 인물들과 달리, 비오 12세는 진실을 추적하기로 했다. 사도 베드로 탐색 작업은 제2차 세계 대전 초기의 암울한 시대에 시작되었다. 그리고 착수한 지 75년이 다 되도록 끝이 나지 않았다.

6
비오 12세의 도박

인간이 만든 제도의 역사란 걸핏하면 폭력으로 종말을 맞는 덧없는 인생의 기록이다. 소크라테스와 플라톤, 아리스토텔레스뿐 아니라 위대한 조각상을 탄생시킨 아테네의 황금시대는 시라쿠사에서 일어난 대규모 학살과 100년도 안 되는 펠로폰네소스 전쟁으로 끝이 났다. 로마의 장기 집권이나 중국과 이집트의 최장기 왕조도 1,000년을 버티기 힘들었고, 버틴다 한들 간신히 명맥만 유지했다. 인류 역사상 단지 두 개의 제도, 즉 일본의 황위 계승과 교황의 지위만이 2,000년 이상 꾸준히 존재하며 이어지고 있다.

오늘날 약 12억 인구에게 교황은 교회와 결부된 모든 사안에서 최고의 권위를 지니며, 믿음과 도덕 문제와 관련한 교황의 가르침에는 결코 오류가 없는 법이다. 왜 로마가 가톨릭교의 '본거지'인 걸까? 언뜻 생각하면, 얼토당토않은 선택처럼 보인다. 로마와 기독교의 첫 만남이자 가장 중요한 만남이란 한 로마 행정관이 예수를 범죄자로 비난하며 십자가에 매단 일이었기 때문이다. 로마와 성서의 관계도 미미한데, 기껏해야 사도 바오로가 작은 로마 교회에 보낸 서신이라든가, 베드로가 네로에게 그곳에서 참형에 처해졌다는 이야기나 로마를 사악한 바빌론으로 암시한 내용 정도다. 게다가 로마는 기독교 초기에 기독교인을 무자비하게 학살한 현장이기도 하다.

역사적으로 보면 에베소나 안티오크, 아니면 특히 예루살렘이 기독교의 수도로 훨씬 더 어울릴 것 같다. 베드로는 아니라고 하겠지만. 교황의 정통성은 예수가 베드로를 교회의 수장으로 뽑아 그에게 천국의 열쇠를 주었다는 믿음에 근거한다. "잘 들어라. 너는 베드로이다. 내가 이 반석 위에 내 교회를 세울 터인즉 죽음의 힘도 감히 그것을 누르지 못할 것이다. 또 나는 너에게 하늘나라의 열쇠를 주겠다. 네가 무엇이든지 땅에서 매면 하늘에도 매여 있을 것이며 땅에서 풀면 하늘에도 풀려 있을 것이다."(「마태오의 복음서」 16장 18-19절)

가톨릭교도는 베드로가 사도의 계승이라고 알려진 이 권한을 그 뒤 후임자, 즉 교황에게 전승했다고 믿는다. 지금까지 266명의 교황이 차례로 재위하였으며, 각 교황은 베드로가 위임한 권한을 보유했다. 단 한 명을 제외한 초창기 교황 31명이 로마인에게 처형당했다. 교황청이 로마에서 프랑스 아비뇽으로 자리를 옮겨 통치했던 68년이란 파란만장한 순간이 있긴 했지만, 교황권의 계승은 흔들림 없이 이어지며 베드

63

로와 로마의 관계를 분명히 했다.

로마와 교황 권한의 관계는 가톨릭교의 근본은 아니더라도, 정서와 종교, 나아가 정치 문제에도 깊이 뿌리박혀 있다. 그런 관계는 가톨릭교 전승의 오랜 요소인 만큼 어떤 불안 요인을 발견할 경우 심하게 흔들릴 소지도 있었다. 설상가상으로 바티칸 대성당 지하에 있다는 베드로 무덤의 전승이 과학적 증거에 따라 거짓으로 판명된다면, 교회 안팎의 사람에게 그보다 훨씬 더 본질적인 교회의 가르침에 의문을 제기하게 만들 수도 있을 것이다. 베드로를 계승한 제260대 교황 비오 12세는 이런 위험 요인을 분명하게 인식했다. 발굴 작업으로 베드로가 로마를 방문한 적 없다는 사실이 밝혀진다면, 다른 사안에서도 교회의 신뢰성이 (특히 수세기 동안의 격변 이후) 커다란 의심을 받을 수 있었다. 베드로가 정말로 로마를 방문한 적이 없다면 (베드로가 실제로 로마의 기독교 공동체 수장도 아니었고 따라서 그의 권한이 로마의 후계자에게 계승된 적도 없다면) 교황의 권위와 신뢰도는 더더욱 의문시될 수 있었다.

비오 12세의 전임 교황들이 추진했던 이전의 소규모 발굴 작업은 베드로 무덤을 찾는 일에 완전히 실패했다. 비밀리에 진행되긴 했지만, 16~17세기의 발굴 작업은 결국 세상에 알려지며 비판적인 사람에게 교황 권위의 정당성에 의문을 던지게 하는 빌미를 제공했다. 20세기 들어 날로 비등하던 회의론은 세계 대전의 혼란 속에서 더욱 격화되었다. 이런 상황에 직면한 비오 12세는 인류 역사상 가장 거대한 도박에 나서기로 했다. 바티칸 대성당 지하를 발굴하여 베드로가 로마에 왔다 그곳에서 사망했는지 여부를 입증하기로 했다. 비오 12세는 발굴 작업을 비밀에 부치려 했을 테지만, 그는 이전 작업과 마찬가지로 이번 작업도 결과가 밖으로 새 나갈 것임을 잘 알고 있었을 것이다.

비오 12세의 결정은 거의 모든 다른 면에서 보수적인 데다 위험을 회피하는 성격이 강하다고 알려진 사람이 나서기엔 이상하고도 무모한 도박이었다. 왜 그랬을까? 비오 12세에게는 그 결정이 전혀 도박이 아니었던 게 거의 분명했다. 그는 베드로가 그곳에 묻혔으니 그곳에서 발견될 것이란 거의 비이성적인, 흔들리지 않는 신념을 지니고 있었다. 예수가 베드로(반석)에게 그 반석 위에 그의 교회를 세울 것이라 했다. 비오 12세는 이 말이 상징적이면서도 문자 그대로의 진실이라고 확신했다. 그는 기독교를 상징하는 가장 위대한 교회가 베드로 유골 위에 건설되었다고 믿었다. 대규모 발굴 작업으로 그는 자신이 옳다는 사실을 입증할 것이다. 아니면 틀렸다는 사실을.

7
비오 12세와 그의 발굴 팀

비오 12세와 베드로를 찾으려는 그의 꿈

조지 스트레이크가 사도 프로젝트에 꼭 맞는 완벽한 동반자라면, 에우제니오 파첼리처럼 헌신적이고 열정적인 지도자가 있다는 것은 행운, 아니 운명이었다. 베드로의 무덤 발굴 작업은 여러 면에서 에우제니오 파첼리가 1939년에 교황에 선출되어 비오 12세가 되기 훨씬 이전에 그의 어린 시절 꿈과 함께 시작되었다. 에우제니오 가문은 로마 출신으로 1세기가 넘도록 바티칸 대성당과 밀접한 관계였다. 아버지는 바티칸 대성당에서 수석 법률보좌관을 지냈고, 어린 에우제니오는 그곳에서 종종 뛰어놀곤 했다.

에우제니오 파첼리는 로마의 유물, 즉 콜로세움과 판테온 신전 같은 로마 시대의 거대 건축물, 콘스탄티누스 개선문과 셉티미우스 세베루스 개선문 같은 로마 황제의 승전 기념물,

그리고 그보다 훨씬 더 오래된 오벨리스크 등에 둘러싸여 성장했다. 로마 전역에 고대 기독교 교회가 있었고, 그의 가족의 일터였던 바티칸 대성당도 있었다. 그는 초기 기독교인을 숨겨 주었던 (그리고 나중에는 유대인을 숨겨 준) 지하 묘지에도 가 보곤 했다.

파첼리는 가냘프고 병약했지만, 똑똑했다. 어린 나이에 라틴어에 능숙해졌고 13세이던 1889년에 쓴 에세이에서는 "나는 고전에서 영감을 얻고 무엇보다 라틴어 공부가 가장 재미있다"라고 쓰기도 했다. 그는 카이사르, 키케로, 베르길리우스, 히포의 아우구스티누스 등 위대한 라틴어 고전을 즐겨 읽었다. 그의 숙부에 따르면, 파첼리는 자신을 베드로 같은 로마의 초기 순교자로 상상했다. 어린 시절부터 사도 프로젝트를 착수할 때까지 오랜 세월이 흘렀지만, 기독교 고고학은 아주 어린 시절부터 일평생 그의 마음을 사로잡은 열정인 셈이었다. 파첼리가 영광의 기념물부터 초기 기독교인이 기도하고 종종 붙잡혀 살해당하기도 했던 초라하고 어두운 지하 묘지까지 로마 전역에 남아 있는 제국의 유물을 찬찬히 살펴볼 때면, 로마 군단의 행진과 기독교인의 비밀 집회가 그의 눈앞에 선하게 그려졌다.

초기 이력

1901년, 에우제니오 파첼리는 성격이 퍽이나 달랐던 전임 교황 레오 13세의 발탁으로 25세의 나이에 바티칸에 들어간 이후 1958년에 사망할 때까지 57년을 그곳에서 보냈다. 레오 13세는 처음부터 파첼리의 천재성을 알아보고 그에게 교황청의 주요 외교 업무를 맡겼다. 파첼리는 활동하는 내내 나치즘과 파시즘, 공산주의 같은 전체주의의 골칫거리를 다루었다. 그는 바티칸에 들어가 교황청을 대표하여 빅토리아 여왕의 장례식에 참석한 첫해부터 교황청에서 가장 훌륭한 외교관으로서 두각을 나타냈다.

파첼리는 순식간에 교황청의 핵심 외교관으로 자리 잡았고, 39세가 된 1917년 5월에는 생애에서 가장 중요한 임무에 돌입했다. 제1차 세계 대전은 서부전선과 러시아 그리고 이탈리아와 오스트리아 사이에서 벌어진 알프스 산맥의 이상한 전투에서 수많은 사상자를 낸 서구 사회의 납골당이었다. 독일의 우방 오스트리아의 합스부르크 군주국의 요청으로, 교황청은 전쟁 참가국들에 평화 협정을 제안했다. 파첼리는 평화 제안에 긍정적이었던 독일 총리 테오발트 폰 베트만홀베크를 직접 만났고, 세계 대전은 곧 종식할 것처럼 보였다. 그러나 러시아가 무너지자 독일 황제는 독일 장교의 조언에 따라 마지막 순간에 서부전선을 대대적으로 공격하여 동맹국의 척추를 부러뜨렸다. 그는 베트만홀베크를 해임하고 교황청의 평화 제안을 거절했다. 이 실패에 뒤이어 추악한 전체주의 악령들이 나타났고, 파첼리는 파시즘과 나치즘, 공산주의라는 악령을 물리치며 남은 평생을 보냈다.

파첼리는 때로는 목숨을 걸고 공산주의자, 나치와 싸우면서 10년을 독일에 남아 있었다. 1919년에는 뮌헨의 공산주의자가 저지른 잔혹한 대규모 살상 장면을 목격하고 살해 위협도 받았지만 간신히 살아남았다. 아직 뮌헨에 머무르고 있을 때인 1924년에는 히틀러의 비어홀 폭동 실패를 목격하고 히틀러가 "곧 끝장날 것이고" 다시는 "소식을 들을 일이 없을 것"이라고 예견했다. 1945년 미국 외교관 로버트 머피가 교황 비오 12세에게 옛날 그의 예견이 '교황 무류성敎皇無謬性, papal infallibility(로마 가톨릭교회에서 교황이 기독교의 수장으로서 신앙이나 도덕에 관하여 결정을 내릴 경우, 그 결정은 성령의 특은으로 보증되기 때문에 결단코 오류가 있을 수 없다고 하는 교리. ─ 옮긴이)'과 얼마나 맞는지 묻자 그는 이렇게 대답했다. "당시 나는 일개 몬시뇰에 불과했습니다."

파첼리는 1929년에 바티칸이 무솔리니와 라테라노 조약을 체결하는 데 중요한 역할을 했으며, 이로써 바티칸 시국이 성립되었다. 그는 적어도 7개 국어를 유창하게 말하는 등 사실상 언어의 달인이었다. 나치에 반대하는 발언을 수도 없이 하긴 했지만, 가톨릭교회와 히틀러가 그 논란 많던 제국종교협약이라는 정교 협약을 맺는 일에도 깊이 관여했다. 이 조약으로 교회는 핍박에서 벗어나는 대신 독일 정치에 간섭하지 않기로 했다. 이를 두고 생존을 위해 침묵을 용인한 거래라고 비난하는 이도 있었다. 그렇게 하지 않았다면, 말하자면 히틀러에 대항했다면, 이미 멕시코와 스페인 등 세계 각지에서 수천 명의 사제와 신도가 처형당하는 일을 겪은 교회는 독일에서도 순식간에 파멸되었을 것이다. 이 협정에 개입한 전력은 미래 교황의 명성에 지울 수 없는 상처를 남겼다. 나치와 파시스트는 1939년 파첼리의 교황 선출에 반대했고, 나치 친위대는 파첼리가 "국가 사회주의를 비난함으로써 이미 유명 인사가 되었다"라고 발표했다. 비오 12세는 곧 무솔리니 같은 또 다른 어릿광대뿐 아니라, 자신이 "신뢰할 수 없는 불한당이자 근본적으로 사악한 인간"이라고 묘사한 히틀러와 맞서게 되었다.

1943년, 제2차 세계 대전이 한창일 때 그야말로 나치와 파시스트 당원에 둘러싸인 교황청에서 비오 12세는 회칙「성령의 영감」을 발표하여 초기 성서와 고고학적 유물, 유대 전승의 연구를 촉구했다. 그는 교회에서 과학 연구에 앞장서도록 요구하며 이렇게 썼다. "기독교 유물과 같은 소중한 보물에 관해 알려진 사실이 거의 없다는 점이 실로 유감스럽다." 비오 12세의 회칙은 고고학의 발전을 지적하기도 했다. 그가 바티칸 대성당 지하에서 비밀리에 이미 착수한 위대한 고고학 프로젝트인 베드로의 무덤 발굴 프로젝트에 관한 언급은 회칙에 없었다.

여러 면에서 사도 프로젝트에는 뛰어난 두 인물의 불가능한 것 같은 동참이 필요했다. 그들의 참여 결정은 그들과 동시대 사람에게 비이성적이고 비상식적이며, 심지어 미친 짓이라는 평을 들었다. 비오 12세는 항상 '신중하고' 외교적인 인물이라는 평을 받았지만, 사도 프로젝트는 평생을 따라다닌 위험 회피의 유혹을 극복하고 신념과 꿈을 응집한 과업이었다. 조지 스트레이크에게 이 프로젝트는 또 다른 무모한 사업이었고, 신은 그의 편이었다. 지극히 불가능한 것 같은 방법으로, 때가 그 두 인물을 찾아냈다. 그리고 몇 년 후, 마찬가지로 불가능할 것 같았지만 반드시 필요했던 여성도 한 명 찾아낸다.

사도 프로젝트 팀

1939년 말, 비오 12세는 사도 프로젝트 팀을 구성했다. 그는 프로젝트를 조지 스트레이크에게 밝히는 것 외에 세상에 전혀 알리지 않고 극비리에 진행하기로 했다. 이 비밀을 유지하기 위해 프로젝트에는 사제와 바티칸 인부만을 동원한다는 치명적인 결정을 내렸다. 게다가 작업도 탄로 나지 않도록 하고 파괴도 최소화하기 위하여 전동 장비를 일절 사용하지 않고 곡괭이와 삽만으로 진행하기로 했다. 프로젝트를 장기화해 버린 결정이었다. 이는 사실상 로마인이 1,600여 년 전 네크로폴리스를 매립할 때 사용했던 것과 똑같은 방법이었다. 외부 전문가 없이 내부 관계자만으로 팀을 이룬다는 결정은 심각한 실수였다.

비오 12세는 이 프로젝트로 또다시 이교도의 무덤만을 찾아낸다 해도 신도의 환상을 깨는 일만은 피하고 싶었던 듯하다. 결국 말이 새어 나갈 게 불 보듯 뻔했지만, 그 사실이 밝혀지는 시기와 방법은 스스로 결정하고 싶어 했다. 그런 만큼 아마 성공했다는 거짓 주장도 하고 싶었을 것이다. 이윽고 이탈리아 전체를 지배하던 파시스트가 그들의 로마 유산에 집착하며 로마 시대를 흉내 내 비토리오 에마누엘레 기념관(현재 로마 중심가에 서 있는 기괴한 '결혼 케이크')을 세우려고 거대한 카피톨리노 언덕을 파괴했다. 그들이 프로젝트에 대해 알았다면 개입하고 통제하려 들었을 것이다. 파시스트란 바로 그 이름이 로마 초기에 죄인을 다스리던 관리 릭토르가 들고 다닌 속간束桿 파스케스에서 유래했다. 자신을 고대 로마인의 정신적 육체적 후손이라고 여겼으니 그들은 분명 바티칸 대성당 지하의 고대 로마 묘지를 자랑스럽게 여겼을 것이다.

비오 12세는 교황청에서 그와 가장 가까운 인물들로 이 프로젝트 팀을 구성하기로 했다. 우선 루트비히 카스에게 바티칸 대성당의 지하 발굴 작업을 지휘하도록 했다. 카스는 독일 출신 사제로서 비오 12세가 조언을 구하는 최측근이자 비오 12세가 나치 집권 이전 독일에서 오랜 외교 생활을 할 때 옆을 지키던 친구였다. 오랫동안 독일 제국의회의 원내 일원이자 가톨릭 중앙당 대표이기도 했던 카스는 히틀러를 반대하는 일에도, 히틀러가 총리가 된 이후 논란이 된 1933년 법안(전권 위임법)을 히틀러의 편에서 지지하는 일에도 깊이 개입했다. 그로 인해 카스는 나치와 1933년 법안의 반대파 모두로부터 위협을 받았다. 카스는 나치에게 체포되어 처형당하는 일을 피해 1935년 성 베드로 대성당으로 거처를 옮겼다. 비오 12세가 세상에서 가장 친한 친구였을 카스를 발굴 작업 감독으로 선택하여 진행 과정을 자신에게 직접 보고하도록 한 걸 보면 사도 프로젝트가 얼마나 중요한 일이었는지 능히 짐작할 수 있다.

그러나 카스는 고고학이나 발굴에 경험이나 지식이 전혀 없었다. 1937년에 고고학 박사학위를 취득한 안토니오 페루아라는 사제가 발굴 팀에 합류하여 이내 실질적인 감독 역할을 했다. 페루아가 박사 학위를 딴 것은 고작 2년 전이었기에 그 역시 현장에서 실제로 발굴해 본 경험은 별로 없었다. 그는 인력과 정보력과 뛰어난 작전을 통해 통솔력과 힘을 발휘하는 전적으로 관료적인 인물이었다. 그는 동료의 의견을 듣고, 학술지에 수없이 논문을 올리고, 부지런히 전문가의 관심을 구했다. 그는 자신의 능력을 지나치게 높이 평가했고 이견이나 비판에 대단히 분개했다. 사도 프로젝트에 참여하고 고위직에 있는 사람과 가까이 지내는 것은 페루아에게 명성과 지위와 권력에 이르는 길인 동시에 자신의 능력을 증명할 기회이기도 했다. 얼마 지나지 않아 페루아는 자청해서 발굴 작업의 실질적인 책임을 떠맡더니 카스가 일일 보고를 받지 못하도록 그를 완전히 배제하고 무시했다. 카스는 직접 조사하거나 작업자에게 일일이 물어봐야만 발굴 진행 상황을 알 수 있게 되었고, 페루아는 카스와의 대화를 딱 잘라 거절하여 프로젝트에 심각한 문제를 불러일으켰다.

　페루아는 인품 좋은 독일 쾰른 출신의 엥겔베르트 키르슈 바움 신부 등의 도움을 받았다. 키르슈바움 신부는 가톨릭 고고학 아카데미 소속으로 1949년부터 1958년까지 그곳 원장을 역임했고, 기독교 고고학과 교수로서 성격도 원만하고 다정다감한 사람이었다. 작업은 곡괭이와 삽만으로 이루어졌기에 교황청 내 인부가 동원되었다. 그 외 여러 바티칸 관리도 도움을 주었다. 조명은 흐릿하고, 작업 현장은 더운 데다 환기도 안 되었고 먼지도 자욱했다. 위쪽으로 거대한 바티칸 성당이 버티고 있어서 안으로 파 들어갈수록 작업 현장에 심각한 위험 요소가 발생했다. 작업 현장이 위험하고 고되기로 소문이 자자한 고고학 세계에서도 이런 발굴 현장은 최악에 속했다. 위험하고 비좁았고, 여름철이면 살이 타들어 가는 것 같았다.

　그런 '내부' 팀 외에 비오 12세는 그의 비서 조반니 몬티니에게 스트레이크와 기타 중요한 사안을 처리할 '외부' 팀을 꾸리도록 지시했다. 몬티니는 미국인 사제 월터 캐럴과 나중에는 조지프 맥기오로부터 도움을 받았다.

　프로젝트가 시작됐을 당시에는 크레타섬에서 진행된 그리스 명문 발굴 작업에 마르게리타 과르두치라는 젊은 여성이 참여했다는 사실을 프로젝트 참여자 누구도 알지 못했다. 남성이 지배하던 시대에 교회와 고고학계, 발굴 프로젝트 참여자 어느 누구도 이런 예상 밖의 여성이, 아니 어떤 여성이

든 사도 프로젝트에서 막중한 역할을 맡을 것이라고는 상상도 하지 못했을 것이다. 그러나 결국 아이러니하게도 그녀가, 게다가 혼자 힘으로 자신의 천재성과 끈기에 힘입어 그 위대한 수수께끼를 풀었다. 마르게리타 과르두치는 바티칸 대성당 지하에서 초기 발굴 팀의 터무니없는 꿈을 한층 능가하는 여러 사실을 발견했다.

8
바티칸 도서관의 단서

바티칸 도서관은 세계에서 고대 저술을 가장 많이 소장하고 있는 곳이다. 알렉산드리아 도서관의 파괴와 이민족의 로마 제국 침입으로 고대 저술과 초기 기독교 저술 대다수가 영원히 사라졌다. 그리스와 로마, 서양 문화 역사 전체가 로마 제국의 잿더미 속에서 소멸되었다 해도 과언이 아니었다. 소포클레스의 수많은 희곡 작품, 위대한 그리스 철학자의 저술, 로마 역사의 세부 내용, 초기 기독교 저술이 완전히 파괴되었다. 서양 유산 전체가 흐릿해진 명문에서 미미하게 되살려 낸 이집트나 마야 역사와 같은 운명을 맞았을지도 모를 일이었다. 그러나 고대 저술은 여기저기서 살아남았다. 1453년에 정복될 때까지 고대 제국의 지식을 보관하고 있던 콘스탄티노폴리스 도서관, 아일랜드에서 오스트리아의 에드몬트와 멜크까지 이곳저곳에 산재한 수도원, 성 베드로 대성당을 포함한 머나먼 지역의 성당들이 바로 그런 장소였다. 옛 성 베드로 대성당이 건축된 후 1940년까지 1,600년 이상을 버티며 살아남은 초기 기독교나 로마 시대 저술의 원본과 사본은 사실상 모두 바티칸 도서관에 보관되어 있다. 또한 75,000권의 고문서뿐 아니라, 100만 권이 훌쩍 넘는 도서, 필사본, 파피루스도 있는데, 상당수는 세계 어디에서도 찾아볼 수 없는 유물이다.

바티칸 대성당 지하 발굴에 실제로 돌입하기 전 사도 프로젝트 팀의 첫 임무는 베드로의 행방에 대한 단서나 지표를 찾아 바티칸 도서관의 고대 문서를 조사하는 일이었다. 조사는 1939년과 1940년 사이에 시작되었다. 베드로가 로마에 정말로 왔는지를 확인할 수 있는 고대의 물증이 있을까? 베드로가 로마에 매장되었다는 증거가 있을까? 매장되었다면 어디에 어떻게 매장되었을까? 어떤 묘비나 기념비가 고대 문헌에 언급되어 있을까? 야만족, 사라센인, 게르만족이 바티칸 대성당을 약탈하던 수세기 동안 베드로의 무덤(만약 존재한다면)은 어떻게 되었을까?

바티칸 도서관은 가톨릭교회의 비밀을 간직한 궁극의 보고다. 그렇기 때문에 도서관장직을 항상 비오 11세 같은 명망 높고 진지하고 지적인 면이 강한 사제가 맡아 왔을 것이다. 바티칸 도서관에는 화형에 처해지게 된 성전 기사단의 기사 231명이 보내온 1311년의 탄원서와 자신의 친척 엘리자베스 1세에게 처형당할 날을 기다리던 스코틀랜드 메리 여왕의 마지막 편지 같은 비극적인 문서도 소장되어 있다. 시스티나 성당에서 일한 대가로 받은 임금을 두고 불만을 하소연한 미켈란젤로의 편지처럼 소소한 문서도 있다. 이 외에도 600년경에 작성된 유스티니아누스 황제 치세에 얽힌 오래된 비사祕史와 아라곤의 캐서린과 이혼하려는 헨리 8세를 대신하여 수많은 영국 귀족과 성직자가 교황에게 보낸 탄원서도 있다. 마틴 루터의 파문과 잔 다르크의 재판을 비롯해 역사적으로 상당히 중요한 문서도 수없이 많다. 이교도로 처형당하는 일을 피하려고 지구가 태양을 돈다는 자신의 신념을 포기한다고 선언한 갈릴레오의 서명 문서도 있다. 바티칸 도서관은 실로 500년 넘도록 수집되고, 세상에서 다른 사본을 거의 찾아볼 수 없는 서양의 역사적인 문서(비밀문서든 공문서든, 비극적이든 승전보든)를 다양하게 담고 있는 보고가 아닐 수 없다.

바티칸 도서관의 엄청난 규모는 그곳의 장점인 동시에 약점이기도 하다. 오늘날에도 사서가 찾기 힘든 문서가 있다고 한다. 1939~1940년에 고대 문서를 찾으려면 조잡한 색인밖에는 참고할 만한 것이 없었다. 베드로의 죽음과 매장에 관한 단서를 찾아 바티칸 도서관을 조사하고, 다른 여러 가지 준비를 하는 데 1년 이상은 족히 걸릴 것 같았다.

물론 조사는 먼저 성서 자체를 살펴보는 일에서 출발했다. 예수 생전의 베드로를, 비록 갈등하는 모습이긴 하지만 완벽하게 그리고 있기 때문이었다. 베드로는 믿을 수 없을 만큼 용감하기도 하고 동시에 비겁하기도 했지만, 예수에 대한 마음은 한결같이 지극히 헌신적이었다. 성서에는 베드로의 실제 성격을 나타내는 중요한 단서들이 담겨 있었다. 그는 팔레스타인 출신의 유대인으로 어부였으며 꽤 억센 사내였을 것이다. 30년에 예수와 거의 같은 나이였을 것으로 추정되기 때문에, 네로에게 처형당한 시기인 64~66년 무렵에는 60대였을 것이다. 베드로가 십자가에 거꾸로 매달려 처형당했다는 훗날의 이야기가 사실이라면, 그의 유골에는 그의 연령뿐 아니라 그가 당한 참혹한 폭력을 입증하는 법의학적 증거도 남아 있을 것이다.

베드로가 작성한 서간 2통을 제외하면, 성서에는 그가 죽기 거의 20년 전인 44년에 예루살렘에 있었다고 나와 있다. 그보다 훨씬 나중인 66년경에 베드로가 쓴 것으로 보이는 이 날짜 불명의 편지 두 통은 핍박을 피해 도망가던 남자가 자신처럼 핍박과 죽음에 직면한 추종자들에게 보낸 편지인 것이 분명하다. 그러나 그들은 베드로가 바빌론(고대 기독교인과 유대인이 사악하고 속물적인 로마를 가리키던 암호)에 있다고 추론한다. 마찬가지로 성서에 실린 베드로의 동료 성 바오로의 마지막 편지는 바오로가 로마에서 네로한테 처형당할 날을 기다리며 작성한 것이 확실했다. "내가 세상을 떠날 때가 왔습니다. 나는 훌륭하게 싸웠고 달릴 길을 다 달렸으며 믿음을 지켰습니다."(「디모테오에게 보낸 둘째 편지」 4장 6~7절) 로마의 오스티아 항구로 가는 길목, 로마 성벽 바로 외곽에 위치한 바오로의 매장 터는 64~65년경 그의 사망 이후 계속해서 기독교인의 보살핌을 받아 왔다.

　베드로를 알았던 초기 기독교인 안티오키아의 이냐시오
는 105년에 처형당하기 위해 로마로 압송되는 동안 자신도
그곳에 묻힌 베드로와 바오로와 함께하게 될 것이란 편지를
남겼다. 사도 프로젝트 발굴자들은 200년경 가이우스라는 장
로가 프로클루스라는 이교 지도자의 허세에 다음과 같이 답
변한 서간 한 통도 찾아냈다. "나는 그대에게 사도들의 트로
피를 보여 줄 수 있다. 그대가 바티칸 언덕에 가든 오스티아
로 가든, 설교와 기적으로 이 교회를 세운 그들의 기념비와
만날 것이기 때문이다." 가이우스는 '트로피'란 말로 사도들
의 무덤을 가리켰다.

　바오로의 경우에는 가이우스의 말이 사실임이 확인되었
다. 기독교도는 오스티아 항구로 가는 길목 포트 로드에 있는
바오로의 실제 무덤을 지금도 추앙하고 있다. 이런 이유로 베
드로의 무덤 터를 말한 소위 '가이우스의 트로피'가 조사 작
업의 핵심이 되었다. 발굴 작업자들은 초기 기독교인이 세우
고 가이우스가 설명한 기념비가 남아 있다면, 베드로가 그 기
념비 근처나 아래에 안치되어 있을 것이라고 믿었다. 그러나
발굴 작업자들이 베드로의 무덤 위치는 로마인이 기독교인을
유인해 체포할 목적으로 사용한 미끼였다고 경고한 초기 저
술을 발견함으로써 문제가 더욱 복잡해졌다.

콘스탄티누스 황제의 보물

역사상 가장 놀라운 책 가운데 하나가 바로『교황 연대표』이다. 이 책은 1,500년간 유지된 가톨릭교회의 연감에 해당한다. 서로마 제국의 몰락 이전부터 간헐적으로 작성되던 이 책에는 베드로부터 1464년의 비오 2세까지 교황의 일대기와 개요가 기록되어 있으며, 5세기 이후로는 여러 저자의 손을 거쳐 작성되었다.

『교황 연대표』는 사도 프로젝트의 거의 완벽한 지침으로 활용되었다. 이 책에 따르면, 콘스탄티누스 황제는 베드로의 무덤을 대리석으로 에워싼 뒤 커다란 청동 관槨에 안치된 베드로의 유해 바로 위에 옛 성 베드로 대성당의 중심을 놓았다. 그리고 이 대리석 담 안에 베드로에 대한 경의의 표시로 엄청난 금은보화를 쌓았다. 이 중에는 수백 파운드의 금관과 수천 파운드의 은제 물건, 고대의 공예품도 있었다. 보물 맨 꼭대기에는 콘스탄티누스 황제와 그의 어머니 헬레나의 이름을 새겨 넣은 150파운드(약 68킬로그램) 상당의 거대한 황금 십자가를 올렸다.『교황 연대표』는 콘스탄티누스 황제가 직접 작성한 편지 한 통을 근거로 삼았다고 하며, 정밀한 치수와 정확한 규모를 제시함으로써 베드로의 무덤이라는 문제에 결정적인 역할을 했다.

『교황 연대표』가 정확하다면, 발굴 참여자들은 그저 바티칸 대성당 중앙에 가서 콘스탄티누스 황제의 대리석 담을 찾아 철거하면 베드로뿐 아니라 역사상 가장 소중한 보물 상자도 발견하게 될 일이었다.

안타깝게도 여러 출전에 따르면, 박해 후반기(250~311년)에 기독교인의 무덤은 로마법에 따라 보호 지역의 지위를 잃었기에 툭하면 훼손되고 파괴되었다. 나치가 유럽 전역에서 유대인의 묘지를 훼손한 것과 마찬가지로, 고대 로마의 박해자는 죽은 자와 전쟁을 벌였다. 어쩌면 베드로의 유해도 콘스탄티누스 황제 시대가 시작되기 오래전에 파괴되었을지도 몰랐다. 어쩌면 발굴에 들어가도 아무것도 찾아내지 못할지도 몰랐다.

9
죽은 자의 도시 속으로

발굴 작업은 비오 11세를 안치하는 과정에서 발견된 무덤들이 있는 지역에서 1940년에 시작되었다. 작업은 바티칸 성당 중앙 바로 아래, 즉 전설과 고대 저술에 따르면 베드로의 무덤이 있다는 장소를 향해 서쪽으로 진행될 계획이었다. 발굴 작업의 여건은 열악하기 짝이 없었다. 지상에서 가장 크고 육중한 구조물이 머리 위에 버티고 서 있기 때문이었다. 게다가 지하는 미지의 지역이었다. 1,600년이란 세월이 바위 부스러기와 함께 잿빛 먼지투성이 지하 세계 사이에 끼어 있었다. 작업을 하려면 위에 버티고 있는 거대한 바티칸 대성당을 지탱할 콘크리트 기둥을 세워야 했다. 그런 다음 지하에서 고대의 잔해를 하나씩 파내는 일은 더디고도 힘들었다.

더구나 모든 작업을 전동 장비 하나 없이 진행해야 했다. 작업 인원도 사안의 엄중성을 고려해 비밀 서약을 한 소수만

이 동원되었다. 네크로폴리스는 환기도 되지 않았고, 조명도 시원찮았으며, 여름이면 상상을 초월할 정도로 무더워서 작업하기엔 끔찍하게 힘든 장소였다. 원시적인 도구만을 사용하자니 더더욱 그랬다. 머리 위 바티칸 대성당의 일상은 발굴 작업이 조용히 진행되는 동안 일일 관람객 수천 명이 조금도 눈치채지 못하도록 유지됐다. (순식간에 카스를 일일 보고 체계에서 배제해 버린) 지하의 페루아 팀 앞에는 어려운 선택이 놓여 있었다. 발굴 과정에서 고대의 성벽이나 기념비를 파괴해야 하는 일이 이따금 생겼다. 페루아 팀은 매우 난해한 작업을 매우 형편없이 진행했다.

1941년이 돼서야 전체적인 조사도 완료되고 팀도 구성되어, 비밀 발굴 작업이 시작되었다. 무엇보다 작업에 돌입했다는 게 놀라운 일이었다. 지하 동굴 밖에서는 구舊세계가 저물었다. 무솔리니의 이탈리아가 합류하면서 나치는 프랑스를 무너뜨리며 소련을 제외한 유럽을 완전히 장악했다. 용감한 잉글랜드만이 거의 홀로 버티고 있었다. 파시스트 당원들이 고대 로마 군단의 상징인 독수리를 이상하게 흉내 낸 속간을 달고 의기양양하게 로마를 행진했다. 바티칸 시국은 파시스트라는 가짜 군단 무리와 환호하는 군중에 둘러싸인 작은 섬으로 전락했다.

바티칸 대성당 지하의 발굴 팀은 곧이어 여타 이교도의 무덤도 발견하며 150년경 로마의 위세가 최고조에 달하던 시대로 거슬러 올라갔다. 눈에 띄는 화사한 꽃 도안과 오래전에 죽은 로마인 주인이 노예의 장부를 검토하는 모습을 묘사한 거대한 그림도 발견했다. 새로 발견한 첫 번째 무덤에서 몇 주를 소요한 뒤, 그들은 이른바 발레리우스의 무덤을 발굴했다. 이 고대 로마의 가족묘에는 130년경에 시작된 발레리우스 가문의 선대 조상들을 새겨 넣은 조각상이 벽감에 자리 잡고 있었다.

발굴 팀은 발레리우스 무덤의 이교 신 조각상 사이에서 베드로의 유골이 근처에 있다는 중요한 첫 단서를 발견했다. "베드로가 성聖 ……을 위하여 예수 그리스도에게 기도하다"라는 일부 글귀와 함께 예수와 베드로를 그린 조잡한 그림들이었다. 글귀 나머지 부분은 발견되지 않았다. 2세기 로마의 이교도 묘지 한복판에 쓰인 이 명문은 고대 세계에서는 오늘날 백악관에 그려진 이집트 여신 이시스 그래피티나 이란의 수도 테헤란에 있는 호메이니 영묘에 그려진 십자가나 매한가지였을 것이다. 그 명문이 어떻게 여기에 있게 되었는지, 고대의 어떤 용감무쌍한 위인이 죽음을 무릅쓰고 이런 글을 남겼는지 불가사의한 일이었다. 이 명문은 고대 세계의 누군가가 적대적인 로마 제국 수도에 자리한 이교도의 묘지 한복판에서, 이 장소가 베드로가 있는 곳임을 확인하기 위해 죽음도 불사했음을 알려 주는 중요한 단서였다.

발굴 작업은 시간과 공간 속에서 참으로 오랫동안 얼어붙은 채 꼼짝 않고 숨어 있던 네크로폴리스를 조금씩 파헤쳐 갔다. 고대의 어떤 저술에도 발굴자들이 이제 막 열기 시작

바티칸의 네크로폴리스, 바티칸 대성당 지하 무덤 사이를 지나가는 흙길.
제공: 성 베드로 대성당

한 놀라운 세계에 대한 단서를 찾아볼 수 없었다. 바티칸 언덕이 한때 대대손손 200년 이상 이어진 일부 로마 가문을 포함하여 로마의 수많은 가족묘가 자리한 안식처였음을 전하는 문서도 전혀 남아 있지 않았다. 베드로를 언급한 명문이 있는 장소와 성 베드로 대성당의 중심 사이에는 이교도의 장엄한 무덤이 수도 없이 존재하는 것 같았다. 페루아 팀은 다른 쪽에 나란히 늘어선 무덤과 평행으로 조성된 통로들이 존재한다는 사실도 이내 알아냈다. 그곳은 로마 제국의 권력이 최절정에 달했던 시기의 수많은 기념비를 보듬고 있는 죽은 자의 도시, 2세기 로마였다.

발굴 팀은 사실상 아피아 가도 양옆에 늘어서 있던 묘지처럼 세상에서 완전히 잊혔던 로마 명문가의 가족묘를 발견한 것이다. 문서와 유물로만 전해지던 아피아 가도의 묘지와 달리, 이 가족묘들은 이교도의 침입이 있기 훨씬 전인 337년부터 시간 속에 얼어붙은 채 예전 모습을 고스란히 간직하고 있었다. 파괴된 아피아 가도 무덤은 로마 최대 최고最古의 가문들을 기념하는 것이었지만, 네크로폴리스의 가족묘는 100년 이후에 권력에 오르거나 번성하게 된 신흥 세력가들을 추모했다. 이 신흥 세력의 무덤은 벽화와 흉상 등으로 로마 제국의 고대사를 기록했다. 이 무덤들은 까맣게 잊힌 존재였기에 유럽을 암흑기로 몰고 갔던 대대적인 이교도의 침입에서 무사할 수 있었다. 무덤들은 장엄했으며, 그 자체가 놀라운 고고학적 발견이었다. 그러나 베드로의 무덤은 아니었다. 베드로가 발견될 것인가의 여부는 커다란 문제로 남았다.

발굴 팀은 자신들이 일단 중심에 도달하면, 5세기의 설명대로 베드로가 안치된 거대한 청동 관을 발견하리라 믿었다. 페루아에게는 콘스탄티누스 황제가 이런 식으로 베드로를 안치했을 것이란 추측이 타당한 논리로 여겨졌다. 페루아와 카스는 사이사이에 존재하는 이교도의 무덤을 건너뛰고 최대한 빨리 중심에 도달하고 싶었다. 그러나 명목상이나마 프로젝트를 맡고 있던 카스는 페루아의 발굴로 야기된 유물 파괴로 상당히 심란했다. 특히 페루아 팀이 그들이 찾아낸 인간 유골을 함부로 다룰 때면 몹시 괴로워했다.

카스가 심란할 만도 했다. 어려운 작업 여건을 고려한다 해도, 페루아 팀은 예방 차원에서 지켜야 하는 고고학계의 기본 수칙을 지나치게 무시했다. 그들은 가치를 헤아릴 수도 없는 유물인 수많은 벽화와 명문을 찾고도 사진을 거의 찍지 않았다. 실제로 전체적인 사진 기록이 하나도 남아 있지 않다. 채색 벽화와 명문을 보존하려는 노력도 전혀 기울이지 않았다. 이런 유물이 2,000년이나 돌무더기 밑에 묻혀 있다가 축축하고 지저분한 대기에 노출된 상황을 생각하면, 보존 작업 없이는 퇴색해 삭아 없어질 게 불 보듯 뻔한 일이었다. 그리고 일단 사라지면 얼마나 많이 사라졌는지 알 도리도 없을 터였다. 심오한 의미의 명문은 이해할 수 없는 말로 치부되었다. 인간 유골은 의료인류학자의 검증 한 번 없이 무시되거나 한데 취합되어 창고로 옮겨졌다. 거대한 가족묘는 자줏빛 들판을 거니는 멋진 백조 그림, 헤라클레스를 그린 그림, 플루톤을 묘사한 걸작 모자이크, 전차에 올라탄 죽음의 신은 물론, 선조의 유해와 흉상으로 가득했다. 이런 무덤을 2구 더 발굴하고 난 뒤, 카스는 새로운 무덤을 발굴하며 중앙으로 치닫기 전에 작업을 임시 중단시켰다. 그리고 발굴된 지역의 유물을 수거해 목록을 작성해야 한다고 주장했다.

페루아 팀은 작업이 잠시 중단된 사이 먼지투성이 통로를 하나 발굴했다. 그들은 작은 판돌 밑에서 우연히 또 다른 놀라운 발견을 했다. 250년경의 작은 비밀 지하 무덤 속에는 요나와 고래, 선한 목자, 어부, 부활하여 천상의 마차를 타고 있는 예수를 그린 놀라운 기독교 그림이 가득했다. 그 그림들은 기독교 이야기 가운데 가장 오래된 작품이었다. 로마 제국의 권좌에서 몇백 야드 떨어지지 않은 곳에서 이런 이야기를 실제로 묘사한 것은 미지의 탁월한 예술가가 보여 준 놀랍도록 용감한 행동이었다. 그는 무시무시한 죽음을 무릅쓰고 이 기독교 그림들을 그렸을 것이다. 그러나 이 대단한 발견은 어떻게 봐도 베드로와 관련이 없었다.

지금까지 페루아 팀은 베드로를 언급한 초기 단서 하나만을 발견했을 뿐이었다. 그런데 그들은 콘스탄티누스 황제가 옛 성 베드로 대성당의 중심을 바티칸 언덕의 베드로 무덤 바로 위로 잡으려다 커다란 어려움에 봉착했다는 사실을 알아냈다. 대규모 매립지와 수백 년 된 공동묘지를 훼손해야 했기 때문이다. 건물을 세우기에 한층 더 수월하고, 평평한 터가 가까운 곳에 수없이 많았다. 그러나 콘스탄티누스 황제는 지극히 난해하고 정교한 건설 작업에 돌입하여 결국 대성당의 중심을 베드로의 무덤 바로 위에 잡았을 것이다. 게다가 네크로폴리스 속으로 더 깊이 파 들어가자 또 다른 놀라운 사실도 드러났다. 로마의 공학 기술자들이 묘지를 정리하고 흙을 매립하여 대성당 제단의 중심을 정확하게 정중앙으로 잡은 대상은 바티칸 언덕의 원래 꼭대기에 있지 않았다. 콘스탄티누스 황제는 성 베드로의 무덤이 정중앙에 왔을 경우에나 그런 대대적인 노력을 쏟아부었을 것이다.

카스는 비오 12세를 만나 발견한 유물들에 대해 설명했다. 비오 12세는 베드로의 그 전설적인 무덤이 있는 자리인 성 베드로 대성당 지하 한가운데를 곧바로 파 내려가도록 명했다. 교황은 발굴 작업이 계속 극비리에 진행되어야 한다는 점도 강조했다. 외부 세계는 향후 10년간 이 프로젝트에 대해 까맣게 몰랐다.

10
무덤 내부

1941년에서 1942년으로 접어들 무렵, 페루아 팀은 고대 저술에서 옛 대성당이 베드로의 무덤 위에 세워졌다고 전하는 바로 그곳을 발굴하기로 했다. 그 고대 이야기들을 바탕으로 카스와 그의 팀은 콘스탄티누스 황제가 베드로를 기념하기 위하여 세운 장엄한 청동 관에서 베드로의 유해를 발견하리라 믿었다. 150년경이나 그 전에 세워져 무덤을 표시한다는 가이우스의 트로피는 1,000년 동안 네 차례나 완벽하게 뒤덮였는데, 첫 번째는 콘스탄티누스 황제가 옛 대성당을 건축하던 시기, 두 번째는 600년에, 세 번째는 12세기에, 마지막은 17세기였다. 발굴 팀은 그들이 콘스탄티누스의 청동 관 근처에서 가이우스의 트로피를 발견하리라 확신했다.

바깥세상은 이런 비밀 발굴 작업을 조금도 눈치채지 못했다. 독일의 소련 침공으로 수백만 명이 사망했고, 추축국樞軸

國(제2차 세계 대전에서 독일, 이탈리아, 일본을 중심으로 세계 정복을 시도한 진영. — 옮긴이)은 전 세계로 뻗어 나갔다. 무솔리니는 바티칸 시국 밖에 구름처럼 몰려든 군중 앞에서 거들먹거리며 활보했다. 나치의 도움을 받은 이탈리아 정복군은 이집트의 서부 사막에 있는 도시 엘 알라메인까지 몰려가 영국의 생명선인 수에즈 운하를 위협했다. 또한 이탈리아는 독일의 도움을 받아 유고슬라비아와 그리스, 로도스섬을 점령했다. 돌이켜 보면 기독교는 환호하는 파시스트 군중과 무관했다. 한편, 미국은 진주민 공격으로 마침내 기나긴 잠에서 깨어났다.

바티칸 지하 발굴 팀은 전설과 저술이 2,000년 전 베드로의 묘지로 지목한 그 위치 바로 위에서 작업에 착수했고, 1세기와 2세기 로마인의 무덤이 수도 없이 자리한 지역에 들어섰다. 그중에는 거의 베드로의 사망 시기와 네로 시대까지 거슬러 올라가는 무덤도 있었다. 그러나 이 네크로폴리스의 한복판에서 발굴 팀은 역사상 가장 이상한 구조물과 맞닥뜨렸다. 인형 속에 또 다른 인형이 들어 있는 러시아의 마트료시카 인형처럼 묘실 안에 묘실이, 벽 안쪽에 벽이 있는 미로 같은 구조물이었다. 안쪽 묘실은 그것을 감싸고 있는 바깥쪽 묘실보다 더 작고 더 오래된 것이었다. 그 속에 실제로 무엇이 켜켜이 놓여 있을지는 수수께끼였다. 중앙으로 파 들어가는 작업으로 고대 묘실 일부가 파괴되었지만, 발굴 팀은 아랑곳하지 않고 계속 나아갔고, 마침내 수백 년의 시간을 거슬러 중심 근처까지 도착했다. 그들은 제일 먼저 1600년대 초기의 웅장한 르네상스 시대 제단과 만났다. 성 베드로 대성당을 신축하면서 초기 제단을 뒤덮고 지은 제단이었다. 이 제단을 통과하자 1119년에서 1124년 사이에 지어진 좀 더 작은 제단이 나타났다. 발굴 팀은 사실상 십자군 시대, 즉 술탄 살라딘과 영국 왕 리처드의 시대까지 거슬러 올라갔던 것이다.

드디어 1942년, 중요한 벽 2개를 발견했다. '레드 월Red Wall'이라 불리는 첫 번째 벽은 마르쿠스 아우렐리우스 황제 시대의 붉은 벽돌담이었다. 따라서 연대가 160년 이후이겠지만, 그래도 160년에 가까웠다. 이 벽돌담은 시대를 측정해 볼 수 있는 단서였다. 그러나 이 붉은 벽을 왜, 어떻게 지었는지는 알 수 없었다. '그래피티 월Graffiti Wall'로 알려진 두 번째 벽은 250년경에 지은 것으로 역시 네크로폴리스 중앙 근처에 자리하고 있었다. 훗날 건설 작업으로 잘려 나간 그래피티 월은 여러 가지 표시로 뒤덮여 있었다. 그 표시는 로마인의 이름과 상징이 분명했으나, 페루아 팀에게는 그저 판독할 수 없는 자국에 불과했고, 따라서 그들은 그래피티 월을 이해할 수 없는 하찮은 벽으로 묵살했다.

그래피티 월의 명문을 그렇게 묵살한 일은 결국 참담한 실수로 드러났다.

다른 실수도 있었다. 서둘러 청동 관을 찾으려던 페루아는 발굴 팀이 이따금 찾아낸 여타 인간 유해를 대개 무시해 버렸다. 역사학적 관점에서 인간 유해를 연구하는 법의학 분야는 이때 아직 성숙하지 못했다. 페루아 팀에서는 인간 유해 자체가 소중한 증거가 될 수 있다는 사실을 상상도 못했던 것 같다. 그들은 유해를 좀 더 신중하게 다루어야 한다는 프로젝트 총책임자 카스의 의견을 묵살했다. 결국 그들은 카스와 대화하기를 거부하고 그를 전문가 속에 낀 아마추어로 취급하며 완전히 무시했다. 그러나 카스는 업무가 끝나면 매일 발굴 현장을 조용히 찾아가 페루아 팀에서 서두르다 놓쳐 버린 유해를 수거하여 정중히 상자에 담았다. 그는 고고학자라기보다는 사제로서 그렇게 했다. 그런 다음 유해에 라벨을 붙여 날짜를 적고 유해를 발견한 위치를 기록하여 조수에게 창고에 보관하도록 했다. 궁극적으로 그래피티 월을 알아보지 못한 페루아의 무지와 인간 유해에 대한 그의 무관심 탓에 성베드로의 진실을 밝히는 일은 수십 년 더 지연되었다.

마르게리타 과르두치

조금 떨어진 곳에서, 그리고 이제는 로마에서, 마르게리타 과르두치는 300년에서 5,000년 된 다양한 크레타 명문과 그리스 고전기(기원전 6-4세기) 이전의 명문 판독을 완료했다. 그녀는 당시 나치에 점령당한 크레타섬의 외진 현장에서 그 명문들을 발견하고 수년 동안 사진으로 기록했다. 과르두치는 전쟁으로 작업이 중단되자 로마로 거처를 옮겨 로마대학교에서 강의를 시작했다. 그녀는 바티칸 대성당 지하에서 어떤 작업이 진행되고 있는지 전혀 몰랐다. 그러나 몇 년 후에는 과르두치도 이 작업에 참여해 페루아가 간과했던 유해를 살펴보며 그녀의 뛰어난 추론 능력을 활용하게 된다.

특별하고도 설명이 되지 않는 천재를 타고나는 사람이 있다. 가령, 조지 스트레이크는 타고난 통찰력으로 다른 사람의 눈에는 마실 수 없는 더러운 물만 존재하는 곳에 숨은 석유 바다를 찾아낼 수 있었다. 이런 재능은 색다르게 표출되기도 한다. 젊은 윌리 메이스는 야구 방망이에 공이 맞는 순간 드넓은 폴로 그라운드 외야에서 공이 떨어질 정확한 위치로 달려 나갔다. 베이브 루스는 나이도 들고 배도 불룩했지만, 1928년에 다른 선수보다 두 배나 많은 54호 홈런을 날렸다. 본능적으로 투구가 어디서 어떻게 날아올지 알고 있었기 때문이다. 빈센트 반 고흐는 우리 모두가 보는 별을 보았지만, 그의 작품 〈별이 빛나는 밤〉으로 우리의 상상을 뛰어넘은 무엇인가를 보여 주었다. 소리를 듣지 못했던 베토벤은 교향곡 9번을 작곡하여, 우리가 꿈도 꾸지 못했을 극치의 소리를 선사했다. 마찬가지로 과르두치에게도 그녀만의 비범한 천재성이 있었다. 그녀는 수수께끼 같은 명문에 사로잡힌 데다, 추론과 천재성이 결부된 특별한 안목을 지닌 터라 때가 되면 그녀 자신을 베드로의 무덤으로 이끌어 갈 단서들을 판독하게 될 것이었다.

청동 관도 거대한 황금 십자가도 없었다

그러나 그것은 몇십 년 후의 일이었다. 지금 당장은 페루아 팀에서 벽과 벽을 뚫으며 계속 발굴하고 있었다. 그들은 십자군과 노르만 정복 시대에 세워진 11세기 묘실도 관통했다. 그 다음엔 서구 세계 대부분이 암흑기에 접어들었던 600년경 교황 그레고리오 1세가 세운 암흑시대의 유물인 좀 더 작은 제단을 발견했다. 이제 지금까지의 발굴 과정에서 가장 긴장감 넘치는 지점에 당도했다. 그들은 그레고리오 1세의 제단 안에서 콘스탄티누스 황제가 세운 대리석 담을 발굴하게 될까? 발굴한다면 담은 정말 온전하게 남아 있을까, 아니면 그저 약탈당한 또 다른 무덤을 품고 있을까?

터키의 고대 유적지 에페수스 외곽에 위치한 바람 많은 평원에는 '사랑의 사도'인 사도 요한의 무덤이 있다. 한때는 이 무덤 역시 콘스탄티누스 황제가 세웠던 거대한 교회의 중심이었다. 지금 요한의 무덤은 오래전 사라센 사람과 그다음에는 베네치아 사람에게 약탈당해, 가운데가 뻥 뚫린 텅 빈 구멍일 뿐이다. 베드로 무덤도 약탈당한 또 다른 구멍일 뿐일까? 그레고리오 1세의 제단을 관통한 발굴 팀은『교황 연대표』의 설명과 정확하게 일치하는 콘스탄티누스 황제가 세운 대리석 담을 찾아냈다. 전혀 훼손되지 않은 온전한 모습이었다. 밀폐된 이후 1,700년 가까이 아무도 안으로 들어간 흔적이 없었다.

발굴 팀은 한껏 들떴고, 자신들이『교황 연대표』에 나와 있는 거대한 황금 십자가와 청동 관을 발굴하기 일보 직전이라고 확신했다. 1,600년 만에 베드로에게 바치는 콘스탄티누스 황제의 기념비를 보게 되는 최초의 인간이 되는 순간이었다. 337년 이래 처음으로 모습을 드러낸 콘스탄티누스 황제의 담 안으로 발굴 팀이 들어갔다. 그들은 그곳에 있는 유물과 그곳에 없는 유물에 소스라치게 놀랐다. 거대한 청동 관은 없었다. 기대한 황금 십자가도 없었다. 어떤 종류의 금은보석도 없었다. 대신 이상한 2세기 기념비를 찾아냈다. 형태상 기독교 양식이 전혀 아닌, 사실상 이교도 양식이었지만, 하나의 표시인 것만은 분명했다. 이 기념비가 전설의 가이우스의 트로피일까? 그 트로피가 맞는다면, 그 안이나 밑에 베드로와 그 위대한 보물이 자리하고 있을까?

초조하게 관으로 다가가던 발굴 팀의 눈에 건축학적으로 기묘한 측면 하나가 눈에 들어왔지만, 그들은 그게 무슨 의미인지 이해하지 못했다. 역사상 가장 위대한 공학 전문가인 로마인이 완벽한 대칭으로 건설한 교회에다 콘스탄티누스의 담을 비대칭이 되도록 한 면을 다른 한 면보다 크게 축조하여 그래피티 월의 일부를 감쌌던 것이다. 그래피티 월은 외견상 어떤 기능도 없는 것 같았다. 콘스탄티누스 황제의 건설 작업자라면 그래피티 월을 없애고 베드로의 무덤에 맞는 완벽한 담을 세우는 것이 논리에도 맞고 작업도 수월했을 터였다. 그러나 로마인은 그렇게 하지 않았다. 대신 그래피티 월을 에워싸고 보호하는 비대칭 구조물을 세웠다. 발굴 팀은 이 불완전성에 주목하긴 했지만, 별 의미가 없다고 간과했다.

페루아 팀은 그들이 콘스탄티누스의 담 안에서 발견한 그 이상한 구조물을 전설의 가이우스의 트로피라고 믿었다. 근처에 있던 아우렐리우스 황제 시대의 명문을 새긴 타일들은 그 기념물이 150년경의 것임을 나타냈다. 수많은 동전(그중 하나는 14년까지 거슬러 올라갔다)과 기독교의 봉헌물이 발견되었다. 기념물에 있는 이교도적 형태는 아마 로마 관리들로부터 기념물의 목적을 감추기 위한 것일지도 몰랐다. 로마 카피톨리노 언덕에서 십자가나 기독교 상징이 발견되면 그것은 즉시 파괴되고 그것을 세운 자는 로마의 신성을 모독했다는 죄목으로 십자가형에 처해졌다.

마침내 네크로폴리스의 중앙이자 바티칸 대성당 제단 지하 바로 밑에 도착한 발굴 팀은 가이우스의 트로피로 들어갔다. 그곳에서 그들은 성인을 그린 훌륭한 벽화들을 발견했고 그 벽화는 그 기념물이 기독교에서 유래했음을 확인시켜 주었다. 그러나 발굴 팀의 실망은 컸다. 안에는 청동 관도, 거대한 황금 십자가도, 금이나 은도, 베드로와 관련한 유물도 없었다. 그들은 다시 파 내려갔다. 그러자 어떤 성인을 기념하기 위해 만들어 봉납한 것임을 나타내는 초기 로마의 동전과 봉헌물로 가득한 묘실을 하나 더 발견했다. 이윽고 그들은 레드 월의 바닥 근처에서 작은 구멍 하나를 발견했고, 그 구멍 속에서 뼈를 찾아냈다.

비오 12세가 불려 왔다. 교황은 그 뼈들이 먼지투성이 무덤에서 발굴되는 장면을 지켜보았다. 지켜보던 모든 이가 2,000년 만에 마침내 베드로의 유해를 발견했다고 믿었다. 그러나 『교황 연대표』에서 설명한 청동 관도 보물도 없다는 사실이 당혹스러웠다. 왜 그 위대한 사도가 황금 십자가 등의 그럴듯한 기념비 아래가 아닌 소박하고 지저분한 무덤에 안치된 것일까? 옛 성 베드로 대성당을 건축한 작업자들은 사도의 첫 무덤을 훼손하고 싶지 않았을지도 모른다. 이런 설명에 페루아 팀도 수긍했다. 그들은 무덤 근처에서 발견된 수많은 동전과 봉헌물을 보면 무덤의 신빙성을 증명하고도 남는다고 믿었다.

그때가 1942년이었다. 유해는 교황의 지시에 따라 내부에 납을 댄 상자에 담겨 그의 방으로 옮겨졌고, 그곳에서 수년간 머물렀다. 교황의 주치의(법의학을 공부하지 않은 일반의사)가 유해를 검사하고는 그 유해가 64세 남자의 뼈라고 밝혔다. 베드로의 무덤 바닥에서 발견된 2,000여 년 전의 동전들의 연대는 베드로가 사망한 시기와 비슷한 1~2세기까지 올라가는 것으로 드러났다. 다른 초기 교황들의 무덤도 근처에서 발견되었다. 게다가 이 뼈들은 레드 월이 지어지기 전인 160년경에 매장되었음이 분명했다. 모두 베드로의 유해를 발견했다고 확신했다. 이후 다른 초기 교황들의 무덤을 발견되자 이 사실에 신빙성을 더하는 것 같았다. 비오 12세의 분명한 명령에 따라 이 일은 극비에 부쳐질 예정이었다.

사실 발굴 작업자들은 논리적이기는 하지만, 끔찍한 실수를 범하고 말았다. 10년간은 드러나지 않을 실수였다. 오래전 로마 이교도와 마찬가지로, 발굴 작업자도 베드로의 유해가 발견되지 않도록 기발하게 마련된 어떤 중요한 단서들을 알아보지 못했다. 스트레이크가 재정 지원을 맡은 발굴 작업은 한동안 계속 진행되었고, 바깥세상에는 전쟁이 휘몰아쳤다.

11
세 친구

비오 12세는 발굴 팀을 구성하면서 외부 전문가 없이 내부 고고학자만을 선정하는 실수를 범했을지 모르지만 발굴 작업의 자금 지원 그리고 결과적으로 그 일과 똑같이 엄중한 여타 사안을 처리하는 외부 팀을 선택한 일에서는 일말의 실수도 없었다. 세 명의 사제(그들을 '세 친구'라고 부르기로 하자)로 구성된 이 다재다능한 팀은 바티칸 대성당 네크로폴리스의 발굴을 훨씬 뛰어넘는 놀라운 성과를 거두었다.

세 친구는 비상한 재주를 모아 놓은 보고나 진배없었다. 비오 12세의 비서이자 최측근이며, 조지 스트레이크의 친구이기도 한 조반니 몬티니 몬시뇰이 이 특별 팀의 책임자로 세 친구의 결속을 끈끈하게 다지는 역할을 했다. 세 사람은 여러 은밀하고, 매우 위험하기도 한 작전에서 교황의 팀으로 함께 활동했다. 몬티니는 바티칸 최고의 내부자로서, 그의 바람

1944년 6월 26일, 바티칸 정원에서
월터 캐럴 몬시뇰(오른쪽)과 맥기오 몬시뇰.
제공: 미국 국립문서기록관리청, 메릴랜드주 칼리지 파크 111-C-2018

과 달리 사제 생활 대부분을 바티칸의 좁은 성벽 안에서 보냈다. 그는 믿을 수 없을 만큼 머리가 비상했지만, 사심이 너무 없고 승진도 거듭 사양하는 바람에 종국에는 교황의 자리로 이어지는 길로 끌어올려야 할 정도였다. 몬티니는 파시스트 당원에게 증오의 대상이었는데, 특히나 무솔리니는 몬티니가 공개적으로든 비밀리에든 난민의 대변인 역할을 하는 것에 분개했다. 몬티니의 활동은 무솔리니가 오래된 기독교 왕국 에티오피아를 침공한 뒤인 1936년에 시작되었다. 몬티니는 그의 전임이나 후임 교황과 달리 다소 내성적이었지만, 역사에 대한 사랑이 깊었고 평화 정착에 헌신했다. 그는 바티칸에 머물기 시작한 초기, 미국에 매료된 이후 줄곧 미국을 사랑했으며, 구舊유럽과 좁은 바티칸 성벽과 극명하게 대비되는 그 이상한 자유의 나라를 좀 더 이해하려고 영어를 배우기도 했다. 그래서 1940년대 미국 출신의 젊은 사제인 월터 캐럴과 조지프 맥기오를 그의 가장 유능한 조력자이자 가장 친한 친구로 삼았는지도 모른다. 캐럴에게 별 가망도 없는 임무를 맡겨 휴스턴에 있는 조지 스트레이크를 만나도록 파견한 것도 미국에 대한 몬티니의 애정과 이해 때문이었음이 거의 확실하다.

스트레이크를 방문했을 당시 서른 살에 불과했던 월터 캐럴은 흠잡을 데 없는 사교성과 어떤 곳이든 환하게 밝히는 미소를 지닌 몹시 매력적인 인물이었다. 큰 키에 까만 머리의 캐럴은 당당하면서도 사람의 마음을 잡아끄는 구석이 있었다. 그는 피츠버그 태생으로 나머지 형제 둘도 모두 사제였다. 캐럴은 어려서부터 심장병을 앓아서 오로지 건강 회복을 위해 몇 달씩 휴식이 필요하기도 했다. 지병으로 요절할지도 모르는 상황에서도 그는 열정적이었고 배짱을 넘어 극단적일 만큼 용감하게 삶을 이어 갔다. 친구들은 캐럴이 삶의 매 순간을 죽도록 사랑하는 '삶의 기쁨 joie de vivre'으로 충만했다고 딱 잘라 말했다. 캐럴은 스트레이크는 물론, 프랭클린 루스벨트 대통령과 마크 클라크, 조지 패튼, 드와이트 아이젠하워 등의 장군을 만나 그들 모두의 신뢰를 얻어 냈다. 캐럴은 사제였지만, 속임수를 쓰는 무모한 노름꾼처럼 나치를 물리치고 유대인을 구하기 위한 터무니없는 사기극을 여럿 도모하거나 그런 노력에 동참했는데, 그중 뭐 하나라도 발각되었다면 형장의 이슬로 사라지고 말았을 것이다. 친구들은 그가 거물과 어울려도 서민적인 면모를 잃지 않았다고 말했다. 캐럴은 몬티니의 가장 친한 친구이자 동지였다. 그는 몬티니와 마찬가지로 박해받는 사람을 돕는 일에 헌신했다. 한편으로는 난민을 도우면서, 다른 한편으로는 가톨릭교회를 위해 중요한 첩보 정보를 연합군에게 전달하는 스파이 노릇도 마다하지 않았다.

세 번째 친구인 조지프 맥기오는 몬티니와 캐럴과 함께하기로 했을 때 불과 서른일곱 살이었다. 조지프는 신앙심이 깊으면서도, 실업가 제이 굴드, 은행가 J. P. 모건, 증권 중개인 버나드 메이도프 등의 땅인 맨해튼 출신답게 정력적이고 대

도시 생활의 속성을 꿰뚫고 있었다. 검은 머리칼에 키가 컸던 맥기오는 비범한 인물이었지만, 자신을 조금이라도 드러내는 것을 꺼려서 편지를 보낼 때도 '피츠시먼스 신부'라는 암호명을 사용했다. 맥기오는 캐럴, 몬티니와 함께 제2차 세계 대전 동안 수많은 목숨을 구해 내는 작전들을 구상했다. 인생 후반에는 세상에 모습을 드러내고, 바티칸의 주요 특사로 무솔리니가 침공한 에티오피아로, 1960년에는 인종 차별에 대항하기 위하여 남아프리카로, 1966년에는 종교 분쟁으로 인한 사회 불안을 막기 위하여 아일랜드 등으로 위험 지역을 돌아다녔다.

그러나 1943년 중반, 이 세 친구는 훨씬 더 핵심을 찌르는 여러 도전에 당면했다. 바티칸 대성당 지하 발굴 작업을 직접적으로 방해하는 문제들이 발생했다. 바티칸 대성당 자체와 로마시, 이탈리아의 유대인이 과연 살아남게 될지 여부가 점점 불투명해졌다. 이런 위기 속에서 교황이 활용하게 될 인물이 바로 이 세 친구였다.

12
전쟁

비오 12세가 바티칸 대성당 지하에서 진행되는 거대한 발굴 작업을 비밀에 부치고 있는 동안, 제2차 세계 대전은 인류 역사상 최대의 참사로 폭발하고 말았다. 초기에는 추축국에서 승리를 거두었지만, 이후의 흐름은 북아프리카 사막의 엘 알라메인 전투, 태평양의 미드웨이 해전, 겨울철 소련의 피비린내 나는 스탈린그라드 전투를 계기로 연합군 측에 넘어갔다. 파시스트 당원들이 로마 군단을 흉내 내 속간을 들고 로마의 콜로세움 주변에서 펼치던 승리의 행진도 사라졌다. 무솔리니는 이제 율리우스 카이사르가 아니었고, 이탈리아 군대도 더는 로마 군단이 아니었다. 이탈리아군이 북아프리카와 소련에서 수만 명씩 사망했다. 죽음과 굶주림과 질병이 로마 구석구석으로 퍼져 나가 거의 모든 집안을 휩쓸었다.

교회는 눈을 끔벅이며 중립을 고수했다. 유럽 전역의 교회와 사제는 나치의 광기 앞에서 속수무책이었고, 수백 명의 사제가 (수만 명의 유대인과 함께) 이미 다하우 강제 수용소에 수감되어 있었다. 교회는 자구책의 일환으로 호랑이 등에 앉아 중립이라는 핑계를 댔으나 실제로는 연합군을 돕고 나치 세력을 방해하는 작전을 비밀리에 수도 없이 실행했다. 전시에 비오 12세와 세 친구는 조지 스트레이크와 비밀리에 연락을 주고받고 있었지만, 그들 각자의 상황은 판이했다.

스트레이크 가족 — 전쟁 시기

전쟁이 벌어지는 동안 스트레이크의 콘로 유전은 연합군의 전력을 보강하는 중요한 요소였다. 이곳에서 생산되는 500만 배럴의 원유는 세계 곳곳에 흩어져 있는 연합군의 전투기와 함선, 탱크의 생명줄이었다. 일명 '빅 인치Big Inch'라는 특수 송유관이 건설되어 콘로 유전 등의 텍사스산産 원유를 동부로 그리고 유럽으로 실어 날랐다. 스트레이크의 막대한 소득은 교황의 대의에 꾸준히 상당 부분 기여했다. 유전으로 콘로 지역도 부유해지고 다른 지역도 부유해지는 토대가 마련되면서 텍사스 동부의 유사한 지층에 있는 좀 작은 유전도 여럿 발견되었다.

스트레이크의 지칠 줄 모르는 영혼은 또다시 그를 다른 여러 주의 외딴 지역에서 유전을 찾는 무모한 사업으로 이끌었다. 신규 유전 사업은 상당한 성공을 거두었지만, 스트레이크나 그 누구도 콘로 유전에서 거둔 뜻밖의 성공을 결코 재현하지 못했다.

제2차 세계 대전 이전인 1930년대 후반의 영화 〈잃어버린 지평선〉(1933년 제임스 힐턴의 동명 베스트셀러 소설이 원작)은 히말라야 산맥의 샹그릴라라는 계곡을 그려낸다. 그곳은 제1차 세계 대전 퇴역 군인이 또다시 벌어질 전쟁으로 자멸하기 일보 직전의 세상을 벗어나 숨어든 평화로운 피난처였다. 훗날 이 영화는 제2차 세계 대전의 전조로 여겨졌다. 조지 스트레이크는 제2차 세계 대전이 발발하기 전에 콜로라도 산맥에서 세상을 피해 그의 안식처가 될 집, 즉 자신만의 샹그릴라를 발견했다. 오래전, 제1차 세계 대전 때 스트레이크는 군에서 휴가를 나와 콜로라도로 여행을 간 적이 있었다. 수많은 다른 사람처럼 조지 스트레이크도 그곳에 매료되어 가장 친한 친구에게 언젠가 그곳의 "산을 하나 사들이겠다"라고 맹세했다.

스트레이크는 1930년대 후반에 콜로라도 스프링스와 신의 정원 공원 근처에서 찾아낸 글렌 에어리Glen Eyrie라는 독특한 산골짜기를 사들였다. 1,200에이커(약 4.9제곱킬로미터)에 달하는 이 땅은 1880~1890년대의 금박 시대gilded age(미국에서 경제 확장과 금권 정치가 횡행하던 시기를 일컫는 말로 마크 트웨인의 풍자소설 제목이기도 하다. ─옮긴이)에 윌리엄 파머라는 철도 거물의 손에 개발된 곳이었다. 파머는 죽은 아내를 기리고 그녀와 한 약속을 지키기 위하여 이 땅에 튜더 양식의 거대한 성을 세웠다(영국 드라마 〈다운턴 애비〉에 나오는 성보다 더 크고 더 멋진 성을 떠올려 보라). 그곳은 파머가 사망한 이후 여러 주인을 거치며 오랫동안 방치된 상태였다. 스트레이크는 그곳을 복구하여 놀라운 여름 휴양지로 바꿔 놓았고, 그곳의 퀸스 캐니언은 천연의 아름다움에서 애스펀 근처의 마룬 벨 계곡과 맞먹는다. 폭포와 호수, 야생 동물 덕에 그곳은 스트레이크 가족과 그들의 친구에게 무더운 휴스턴을 피해 여름철을 보낼 수 있는 천국이나 다름없었다. 여기에 스트레이크는 가족과 손님이 더 친근감을 느끼도록 핑크 하우스라는 별채를 짓기도 하고 본채의 거대한 휴게실에 볼링장을 만들기도 했다. 훗날 스트레이크가 이 땅과 건물을 헐값에 한 기독교 단체에 넘기기는 하지만, 1940년대 여름에는 그곳이 스트레이크 가족의 천국이었다. 전 세계가 또다시 재앙과도 같은 전쟁으로 돌아섰음에도, 글렌 에어리는 평화로운 오아시스였다.

스트레이크 집안이 하워드 휴스(당시에는 말년의 노쇠한 은둔자가 아닌 초기 항공사 TWA의 뛰어난 창업자 겸 영화 제작자였다)와 직접 알고 지내는 친구는 아니었다는 게 그리 놀라운 일은 아닐 것이다. 그러나 스트레이크와 하워드 휴스는 둘 다 유전 및 휴스턴과 관계가 깊고 미국 최대 갑부에 속했기 때문에, 휴스턴과 할리우드 영화계에 서로 겹치는 친구가 많았다.

스트레이크 집안의 독실한 가톨릭 신앙심은 그들의 엄청

난 재산과 대비되었고, 때로는 스트레이크 자녀들에게 곤란한 문제를 불러일으키기도 했다. 1943년 하워드 휴스는 제인 러셀의 가슴골을 부각시킨 영화 〈무법자〉를 개봉했다. 휴스는 남자라면 두 가지 이유(제인 러셀의 두 가슴을 지칭한다고 한다. ─ 옮긴이)로 영화 속 제인 러셀을 봐야 한다고 떠들었고, 배우 밥 호프는 주인공 제인 러셀을 "그 두 가지와 제인 러셀 뿐"이라고 불렀다. 가톨릭교회에서는 이 영화를 관람하면 구원받지 못할 정도로 중대한 죄를 짓는 것과 마찬가지라며 비난했다. 글렌 에어리에서 스트레이크 집안의 어린아이들은 부모의 손에 이끌려 〈무법자〉에 나오는 제인 러셀 등의 배우에게 소개되었을 때, 가족 모두 천벌을 받지는 않을까 하는 공포에 떨었다.

폭포와 조용한 협곡, 야생 동물, 그리고 인근에 이글 호수가 있는 글렌 에어리의 평화는 로마와 절멸 위기에 처한 그곳 유대인의 깊어 가는 절망과 극명한 대조를 이루었다.

1943년 7월

연합군이 북아프리카에서 이탈리아군과 독일군을 물리치고 지중해를 가로질러 시칠리아섬에 도착했다. 팔레르모 등의 도시에 모여든 이탈리아 군중이 미국의 육군 장군 패튼을 열렬히 환영하는 모습은 이탈리아 군대가 무솔리니를 권좌에서 끌어내려 투옥하는 계기가 되었다. 월터 캐럴은 연합군 장교들을 이끌고 새벽 2시 30분에 로마에 도착한 뒤 새롭게 들어선 이탈리아 정부로부터 이탈리아의 항복을 비밀에 받아냈다. 그러나 그 야간 항복이 효력을 발생하기도 전에 독일군에서 먼저 선수를 쳤다. 독일은 친위대가 주도한 과감한 공습으로 무솔리니를 석방한 다음 이탈리아에 꼭두각시 정부를 세우고 동맹이던 이탈리아를 장악했다.

네로와 어싱하리만큼 유사한 행보를 보인 새로운 괴물이 1943년 7월 무솔리니 정부의 몰락 이후 영원의 도시를 어슬렁거리다 그곳을 손아귀에 넣었다. 히틀러는 네로처럼 종교적 소수 집단인 유대인을 겨냥했다. 그의 앞잡이는 공공장소가 아니라 일반인은 잘 모르는 강제 수용소에서 무자비한 행동을 서슴지 않았다. 남자와 여자, 아이를 잔인하게 처형하는 것은 네로 시대와 마찬가지였지만, 현대적인 통신 수단과 첨단 기술의 활용으로 그 범위는 한층 더 넓고 사악했으며, 결국 수백만 명의 무고한 사람이 죽음으로 내몰렸다. 나치는 이탈리아 인구의 상당 부분을 차지하던 유대인을 집결시켜 북부 지역의 강제 수용소로 이송했고, 그들 대다수가 그곳에서 생명을 잃고 말았다. 예로부터 로마와 이탈리아에서 살아온 유대인은 살상을 위한 목표물로 전락했다.

난민 사무국

세 친구는 아이러니하게도 추축국 전쟁 포로를 돕는 과정에서 나치를 속여 넘기기 적절한 작전을 찾아냈다. 독일군이 북아프리카와 시칠리아섬에서 크나큰 손실을 당한 후, 연합군은 수십만의 독일과 이탈리아 포로를 붙잡았다. 그중에는 롬멜의 아프리카 군단 잔당뿐 아니라 리비아에 억류됐던 수많은 이탈리아 시민도 있었다. 몬티니는 캐럴과 맥기오를 바티칸 난민 특별사무국에 배치하여 표면상으로는 연합군에서 억류하고 있는 독일인과 이탈리아인을 돕게 했다. 두 미국인에게 난민 사무국을 맡긴 일은 대부분의 포로와 피억류자를 지키던 그들의 동포 미국인을 두 사람이 가장 잘 다룰 수 있었기에 나치와 파시스트에게는 당연한 선택처럼 보였다. 실제로 그들이 추축국 포로를 돕긴 했지만, 이 일은 그들의 임무 중 극히 일부에 불과했다. (나치가 알지 못했던) 난민 사무국의 진짜 목적은 연합군 측을 도우며 유대인과 로마를 구하는 일이었다. 사무국은 캐럴과 맥기오가 연합군 경계선을 건너가 연합군 사령관들을 만나게 하려는 하나의 핑계였다. 그들은 사무국을 활용하여 나치는 신경도 쓰지 않는 유대인 난민과 연합군 포로 도망병도 지원했다. 난민 사무국 재정은 상당 부분이 미국 가톨릭 자선 단체에서 나왔으며, 이곳의 최대 자금 후원자는 조지 스트레이크였다(스트레이크는 월터 캐럴이 방문한 다음 해인 1940년에 가톨릭 자선 단체 집행 위원회에 들어갔다). 펜실베이니아주 피츠버그의 한 은행에 사실상 무한정 쌓아 놓은 자금에 힘입어, 캐럴과 몬티니는 연합군을 지원하고 로마를 구하고 가능한 많은 이탈리아 유대인을 구하는 아슬아슬한 작전들에 돌입했고, 그때도 난민 사무국을 하나의 구실로 활용했다.

캐럴과 맥기오는 자신의 미국 여권을 바티칸 여권으로 바꾸고, 적진을 거듭 넘나들며 비오 12세로부터 받은 로마 보전을 위한 정보와 요청을 이탈리아에 있던 사령관 마크 클라크 장군과 아이젠하워의 참모장 월터 비델 스미스 장군에게 전달했다. 두 사제는 사실상 적의 수도 로마에 있던 유일한 미국인이었다. 캐럴은 한 차례 이상 비오 12세의 전갈을 직접 들고 워싱턴을 방문하여 프랭클린 루스벨트 대통령을 2시간 반 동안 접견하기도 했다. 이런 활동이 발각되면 사형에 처해지고 말았을 시기였다.

로마 보호 작전

1943년 7월, 900대가 넘는 연합군 폭격기가 로마의 조차장操車場을 공격했다. 로마 시민을 4,500명 이상 죽이며 남부의 추축국 부대를 지원하던 거점이었다. 이 공격은 로마를 겨냥한 연합군의 두 차례 공습 가운데 하나였으며(다른 한 차례는 조종사의 실수였다), 이 1943년과 1944년의 공습으로 수천 명의 사망자가 발생했다. 맥기오와 몬티니는 유대인과 격추당한 연합군 조종사를 구출하면서도 사상자를 줄이거나 사상자가 발생하지 않도록 미국 OSS(전략사무국, CIA의 전신) 국장 '와일드 빌' 도너번과 직접 활동하기도 했다. 한편, 나치

돌격대는 이탈리아에 군림했고, 나치 친위대는 유대인 등 수 많은 사람을 체포하여 죽음의 수용소로 실어 날랐다.

몬티니와 캐럴, 맥기오는 영원의 도시에 대한 폭격을 중단하도록 미국을 설득하는 일에 매진했다. 로마는 독일의 군수 기지이자 수송 기지였다. 그야말로 모든 길은 로마로 통했다. 미국이 로마를 폭격하여 독일의 군수 및 수송 기지를 무너뜨리는 합리적인 군사 조치를 취하지 않도록 설득하는 것이 세 친구의 주요 임무였다. 실제로 그들은 영원의 도시를 보존하고자 수천 명의 연합군 사상자를 감수하는 끔찍한 희생을 요구해야 했다.

이탈리아의 끝자락에 위치한 살레르노에 대한 연합군의 침공은 이탈리아의 장화 모양을 따라 진행된 연합군의 북진을 더디게 하고 피비린내만 불러왔다. 이에 따라 연합군은 로마에서 40마일(약 64킬로미터)도 떨어지지 않은 이탈리아 중부 안치오에 대규모 상륙 작전을 실시하여 로마에 직접적인 타격을 가하기로 했다. 1944년 1월 22일에 감행된 이 안치오 상륙 작전은 실패로 끝났다. 연합군은 작은 해안 교두보 주변에서 오도 가도 못한 채 독일군의 폭격에 무방비로 당했다. 윈스턴 처칠은 이 상륙 작전을 거대한 고래 한 마리를 해변에 올려놓은 꼴이라고 꼬집었다. 1944년 5월 말까지 3개월 동안, 제2차 세계 대전 중 최대 사상자를 낸 전투를 포함하여 연합군의 사상자는 43,000명에 달했고, 이는 이후 감행할 노르망디 상륙 작전의 사상자를 훌쩍 뛰어넘는 수치였다. 기습

공격 부대 두 곳은 767명 중 761명의 대원을 잃었다. 안치오 상륙 작전은 제2차 세계 대전 최악의 연합군 작전이었다. 나치는 안치오에서 붙잡은 연합군 포로를 로마로 호송했다. 그들은 나치군에 둘러싸여 콜로세움을 행진하도록 연출된 포로들의 모습을 사진으로 찍었고, 이는 모두 미국에 굴욕을 안기려는 공공연한 연기였다.

진선을 넘나들며 캐럴은 건강이 크게 나빠졌다. 그는 워싱턴을 방문하여 몇 시간 동안 프랭클린 루스벨트 대통령을 만나기도 하고, 연합군 사령관과 면담하기 위해 알제리의 수도 알제를 몇 차례씩 방문하기도 했다. 위험한 안치오 해안 교두보를 찾아가서는 고립된 연합군과 그곳에서 수천 명씩 죽어 가는 이들의 고통을 함께 나누며 보살폈다. 그러면서도 독일 전선 뒤에서 얻은 정보를 마크 클라크 장군과 그의 참모에게 전달했다. 1944년 4월에는 안치오에서 심장마비를 일으켜 생명을 잃을 뻔하기도 했다. 늘 그렇듯 다시 일어설 수 있게 되자마자, 비록 머리도 허옇게 세고 힘도 빠져 허약했지만, 캐럴은 연합군을 돕고 유대인을 구하고 로마시를 보존하기 위하여 클라크 장군과 아이젠하워의 참모 비델 스미스를 만나는 등 활동을 재개했다.

상황이 불리한 가운데서도 로마는 서구 유럽의 여러 다른 고대 도시(쾰른, 바르샤바, 키예프, 함부르크 등의 도시는 제2차 세계 대전의 참화에서 살아남지 못했다)와 달리 파괴되지 않았다. 월터 캐럴의 역할이 컸다. 이탈리아에 있던 연합

1944년 6월 4일, 미군 사령관 마크 클라크가 의기양양하게
로마에 입성했다. 그는 바티칸에 들러 교황 비오 12세를 알현했다.
사진은 성 베드로 광장.
제공: Wikimedia Commons

군 사령관 마크 클라크 장군은 훗날 "캐럴 신부의 도움과 정보가 없었다면, 이탈리아의 상황은 크게 달라졌을 것이다"라고 회고했다. 캐럴의 노력이 없었다면, 네크로폴리스도 현대전現代戰으로 인한 새로운 폐허 속에 파묻혀 버리고 나서야 뒤늦게 생각났을 것이다. 로마는 과거에도 지금도 영원의 도시다. 로마는 로마 시대부터 암흑시대와 중세를 거쳐 르네상스에 이르기까지 2,000년이 넘는 서구 문명의 물리적 유물을 간직하고 있는 도시다. 로마가 기독교인과 이탈리아인에게 갖는 의미 이상으로, 로마는 로마 공화정부터 중세와 르네상스 시대에 이르기까지 서구 역사와 서구 문화의 중심에 버티고 있다. 판테온, 콜로세움, 포럼, 트레비 분수 등의 예술 작품, 스페인 계단, 베르니니의 조각상, 시스티나 성당, 미켈란젤로의 〈피에타〉 등이 자리한 로마는 실로 인류의 유산이 아닐 수 없다.

1944년 6월 3일, 월터 캐럴의 어머니가 『피츠버그 프레스』와 인터뷰를 했다. 로마가 함락되기 일보 직전인 상황에서 아들이 걱정되지 않느냐는 질문에 그녀는 캐럴이 로마 근처에는 얼씬도 하지 않았을 거라 믿는다며 걱정하지 않는다고 대답했다. 실상을 알았더라면 상당히 놀랐으리라. 1944년 6월, 클라크 장군이 비오 12세를 알현하러 가는 월터 캐럴의 안내에 따라 지프를 타고 아이젠하워의 참모 비델 스미스와 함께 로마에 입성했다. 캐럴의 백발이 눈에 띄게 성성했다. 그들이 로마에 입성하는 모습을 찍은 사진은 제2차 세계 대전을 상징적으로 보여 주는 사진 가운데 하나로 피츠버그에서도 발표되었다. 그 사진을 본 캐럴의 어머니가 어떻게 반응했는지는 알려지지 않았다.

진격하는 연합군으로부터 로마를 구하는 일 외에 퇴각하는 독일군으로부터 로마가 파괴당하지 않도록 보호하는 일도 바티칸 입장에서 어렵기는 마찬가지였다. 비오 12세와 카스는 가톨릭 신자였던 독일 장군들과 로마를 '비무장 도시'로 지정하는 일을 협상했다. 이는 히틀러가 나치 친위대 장군 카를 볼프에게 바티칸 시국을 장악하여 비오 12세를 체포하라는 명령을 노골적으로 거역하는 것 같았다.

유대인 구출

이탈리아에서 오랫동안 살아온 유대인을 구하기란 로마를 구하는 일만큼이나 어려운 일이었다. 여기서 몬티니와 캐럴, 맥기오가 다시 선도 역할을 맡았다. 예컨대, 가톨릭교회는 로마 외곽에 제니쿨럼 힐 프로퍼티Janiculum Hill Property라는 황폐한 사유지를 소유하고 있었는데, 그 중심에 카사 산 조반니 Casa San Giovanni라는 건물이 있었다. "지하실과 통로가 미로처럼 엉켜 있고 환기 구멍도 바깥쪽 관목에 가려 보이지 않는" 이곳이 유대인을 비롯한 난민의 거처가 되었다. 이 사유지는 제2차 세계 대전 이전에 북미 가톨릭 단체에서 사용하도록 스트레이크가 댄 자금으로 가톨릭교회에서 사들인 것이었다.

바로 건너편에는 나치의 비밀경찰 게슈타포가 점령한 건물이 버티고 있었다. 캐럴과 맥기오는 흡사 지하철도Underground Railroad(19세기 미국에서 노예 해방을 위해 활동한 비공식 네트워크.─옮긴이)라도 된 것처럼, 홀로코스트 시기에 로마의 유대인을 한 번에 100명 이상씩 그곳으로 숨겼고, 농가처럼 보이도록 양도 1,200마리나 샀다. 때로는 유대인 난민을 추락한 연합군 조종사와 뒤섞어 양치기로 위장시키기도 했다(연합군 조종사가 양치기 노릇을 실제로 얼마나 능숙하게 했는지에 관한 기록은 없다). 연합군 전쟁 포로가 (종종 성직자 차림으로) 로마를 거쳐 저 멀리 남쪽 연합군 전선까지 따라 내려갔다는 소위 로마 탈출선Roman Escape Line 이야기는 전설처럼 전해진다.

캐럴은 이탈리아 유대인을 고대 로마 지하 묘지의 후미진 곳에 숨기거나 그들에게 사제 옷을 입히는 등 그들을 구해내는 여타 여러 계획이나 사기극에도 참여했다. 이런 작전에서 몬티니와 함께 활동한 또 다른 인물은 휴 오플래허티 신부였다. 그는 나치 친위대를 물리치고 유대인을 구해 낸 활동과 계획으로 아일랜드의 핌퍼넬(헝가리 작가 에마 오르치의 소설 『스칼렛 핌퍼넬』에서 주인공 스칼렛 핌퍼넬은 프랑스 혁명을 배경으로 신분을 감춘 채 곤경에 빠진 사람들을 구하는 인물이다.─옮긴이) 이란 별명이 붙은 불같은 성격의 아일랜드인이었다. 나치 친위대가 오플래허티의 머리에 사형 집행 영장을 걸고, 사제들에게 도를 넘는 행동을 하면 사형에 처하겠다는 경고로 베드로 광장에 흰색 경계선을 그어 놓을 때도 난민 사무국은 바티칸 내부에서 내려온 계획을 계속 수행해 나갔다.

이탈리아 유대인은 나치의 손에 수십만 명이 체포되어 죽임을 당하기도 했지만, 대다수 구출되었다. 유럽의 다른 어떤 국가에서도 이루지 못한 성과였다. 캐럴의 전기 작가 조지 케먼은 이렇게 말했다. "바티칸에서 85만 명가량의 유대인을 구했다. 여타 종교 단체와 원조 기구에서 구출한 인원을 모두 합한 수보다 많다." 캐럴은 시도 때도 없이 고향 피츠버그의 은행에 끝도 없이 쌓여 있는 듯한 비밀 자금을 인출해 갔다.

전쟁이 끝날 무렵, 연합군은 다하우와 부헨발트의 끔찍한 강제 수용소에서 굶주리고 질병에 시달리던 수만 명의 포로를 석방했다. 포로를 석방한 지 채 24시간도 되지 않아 월터 캐럴과 조지프 맥기오가 식량과 의료품, 50명이 넘는 의료진을 실은 수송대를 이끌고 다하우와 부헨발트에 도착했다. 석방 직후 최소 6곳의 강제 수용소에 나타난 난민 사무국은 나치의 손아귀에 있던 수많은 희생자를 구출했다. 포로들이 겪은 참혹한 굶주림과 끔찍한 의료 상태를 볼 때, 난민 사무국에서 적시에 나타나 그들을 구출하지 않았다면 분명 수천 명의 사망자가 발생했을 것이었다. 헤아릴 수 없이 많은 사람이 이런 구조 활동으로 목숨을 건졌다. 캐럴이 도착했을 당시 다하우 강제 수용소에 있던 한 이탈리아 포로는 캐럴의 구조대를 본 순간 포로들의 절망이 기쁨으로 바뀌었다고 훗날 글로 남기기도 했다.

캐럴의 활동은 전설이 되었고, 그의 활동에 얽힌 일화는 속속 늘어났다. 제2차 세계 대전 직후 떠돌던 일화 하나는 성격 급한, 전설의 조지 패튼 장군에 관한 이야기였다. 패튼이 독일의 한 가톨릭 신학교를 장악해 군 사령부로 활용하기로 하고 독일 신학 대학생들을 거리로 쫓아냈다. 캐럴은 패튼의 사령부로 찾아가 신학교를 교회에 돌려주라고 요구했다. 처음에 패튼 상군은 전쟁 중이라며 이를 거절했다. 그러나 캐럴은 패튼 휘하의 막강한 제3군보다 신력神力이 훨씬 강하다며 그에게 재차 강력히 요구했고, 신경질적인 조지 패튼은 참모들에게 "저 빌어먹을 건물을 교황에게 돌려줘"라고 명하며 제2차 세계 대전을 치르는 동안 처음이자 마지막으로 항복을 선언했다. 패튼으로서는 불쾌한 일이었겠지만, 캐럴은 그 명령이 실제로 이행될 때까지 패튼이 사령부로 사용하고 있던 독일 남부의 성에 머물렀다.

전쟁의 종결

가톨릭교회에는 교회와 세계에 기여한 평신도의 공로를 인정하여 수여하는 다양한 교황 훈장이 있다. 이 중 최고의 훈장은 330년경, 옛 성 베드로 대성당을 건축하던 시기에 재위에 있던 교황의 이름을 딴 성 실베스테르 교황 훈장이다. 이 훈장은 여러 등급으로 나뉘며, 그중 가장 높은 등급은 기사장 훈장(가톨릭교회에서 평신도에게 수여할 수 있는 최고 훈장)

이다. 지금까지 이 훈장을 살아생전 받은 수상자는 손에 꼽을 정도밖에 없다. 1944년 7월(로마가 해방된 직후), CIA의 전신인 미국 OSS 국장 와일드 빌 도너번이 월터 캐럴과 함께 로마의 파괴를 막은 공로를 인정받아 교황 비오 12세에게 이 훈장을 받았다. 1946년, 조지 스트레이크도 비오 12세로부터 직접 공로를 인정받아 성 실베스테르 기사장 훈장을 받았다. 이는 영화 〈쉰들러 리스트〉로 유명한 오스카 쉰들러처럼 뛰어난 공을 세운 평신도가 수여받는 영예이다.

13
홍수와 저주

교회와 공산주의자

1945년 추축국의 패전에 이어 이탈리아에서는 전후 정권을 차지하려는 공산주의와 민주주의 진영 사이에서 갈등이 폭발했다. 비오 12세는 공산주의자가 중국, 스페인 등의 가톨릭교회뿐 아니라 동유럽 교회에도 대대적인 핍박을 가하고 있음을 알고 있었다. 교황은 뮌헨에서 공산주의자가 저지른 1919년 대학살을 직접 목격하고 목숨을 잃을 뻔한 적도 있었다. 그는 파시스트가 빠져나가며 이탈리아에 남겨 놓은 빈자리를 공산주의자가 채우고 있다는 사실을 깊이 우려했다. 비오 12세는 공산주의자에게 대응하기 위하여 공산주의자의 존재감이 뚜렷하고 피폐한 도시 지역 한복판에 신학교와 가족 센터 들을 세웠다. 신학교는 인도주의적 차원의 목적뿐 아니라, 내버려 둘 경우 우후죽순처럼 생겨날 공산당과 싸우면서 공

123

산주의를 대체하는 역할을 했다. 교회는 또다시 몬티니, 맥기오, 캐럴, 스트레이크를 활용하여 가난하고 주로 공산주의자가 사는 지역에 신학교와 가족 센터를 건립하기 시작했다.

이탈리아의 정치 속담에는 가르바텔라라는 로마 남부의 빈곤 지역이 등장한다. "가르바텔라가 돌아가는 대로 로마가 돌아가고, 로마가 돌아가는 대로 이탈리아가 돌아간다." 따라서 세 친구와 스트레이크가 맨 처음으로 세운 교회가 바로 가르바텔라의 성 필립보 네리 교회였다. 근사하지만 갈수록 텅비어 가는 성당으로 가득한 나라에서, 이 새로운 교회는 이탈리아 교회보다 더 열정적인 미국 교회를 모델로 삼아 규모가 좀 작은 가족 중심 교회였다. 대규모 성당과 달리, 이 교회는 예배를 보는 장소이면서 동시에 교육과 다양한 가족 활동이 이루어지는 센터였다. 이것이 바로 공산주의자에 대한 교황의 대답이었다. 성 필립보 네리 교회의 성공을 발판으로 이탈리아 전역에는 가족 중심형 교회가 순식간에 서른여덟 곳 넘게 들어섰다. 이런 새로운 교회가 전후 이탈리아 가톨릭교회 부활의 원천이 되었다.

1948년 이탈리아 선거에서 공산당은 정권 장악을 노렸다. 『타임』에서는 이탈리아가 "참사 위기"라고 보도했다. 1948년 2월 쿠데타로 공산당이 체코슬로바키아를 장악한 바로 뒤였다. 폴란드, 헝가리, 루마니아, 발트 제국이 전부 공산당에 넘어갔고, 베를린은 스탈린의 명령에 봉쇄되어 미국 비행기가 공수하는 식량으로 연명할 뿐이었다. 서유럽 전체가 스탈린에게 허물어질 것처럼 보였다. 이탈리아에서 공산당이 정권을 장악했다면, 선수를 뺏긴 북대서양 조약기구NATO는 무너지고 말았을 것이다. 어쩌면 유럽의 미래가 1948년도 이탈리아 선거의 결과에 따라 결정되는 위기에 처해 있던 것 같다. 공산당의 승리는 비오 12세의 공산당 반대 발언으로 피할 수 있었다. 공산당은 이탈리아 북부의 상당 부분을 손에 넣긴 했지만, 그 밖의 다른 지역에서 완패했다. 그 옛 속담이 들어맞았다. 가르바텔라가 공산당에 반대표를 던지자, 그 뒤를 이어 로마와 다른 이탈리아 지역도 반대표를 던졌다. 당시 한 곳 이상의 신문 기사에서 이탈리아를 구원한 것은 몬티니와 "스트레이크, 캐럴, 맥기오, 이 세 명의 미국인"이라며 그들에게 공을 돌렸다.

이탈리아 가톨릭교회는 신설 교회를 통해 가족과 어울리며 잠깐이나마 새롭게 폭발하는 기운을 만끽했다. 오늘날 가르바텔라의 성 필립보 네리 교회에 나란히 걸려 있는 조지 스트레이크와 월터 캐럴의 초상화가 그들의 눈부신 공로를 증명하고 있다. (초상화 속 스트레이크는 무모하게 유전을 찾던 텍사스의 한 와일드캐터가 가르바텔라에서는 어떤 위치가 되었는지 궁금한 듯 야릇한 표정을 짓고 있다.)

세 친구가 영리하게 작전을 수행하고 파시스트와 나치, 공산주의자와 풍파를 겪던 세월 속에서도 베드로의 무덤 탐색 작업과 그 결과는 계속해서 철저히 비밀에 부쳐졌고, 베드로의 뼈로 추정되는 성골聖骨도 비오 12세 방에 있는 상자 속에서 계속 휴식을 취하고 있었다.

저주와 홍수 — 1949년

바티칸 대성당 초창기 시절부터 베드로의 유골을 발굴하거
나 훼손하려고 하면 기이한 저주가 내린다고 하는 저술이 있
었다. 역사적으로 베드로의 무덤을 발견하려는 시도는 하나
같이 이해할 수 없고 영문을 모를 사건과 직면했다. 17세기에
베르니니의 발다키노를 세우려고 최초의 발굴 명령을 내렸던
교황 우르바노 8세는 병에 걸렸고, 당시 네크로폴리스에서
일하다 갑자기 사망한 발굴 작업자도 상당수에 이르렀다. (좋
은 미신은 절대 후대로 전승하지 않는) 로마 시민은 이런 납
득할 수 없는 사건을 어떤 저주와 연관시켰다.

무덤을 건드리는 자에게 저주가 내린다는 미신은 사실 새
로울 게 없다. 그런 저주를 믿는 로마인 덕에 로마의 핍박이
하늘을 찌르던 초기 박해 기간에도 베드로의 무덤이 보호될
수 있었을 것이다. 스트랫퍼드어폰에이번에 있는 위대한 윌
리엄 셰익스피어의 묘비에도 이렇게 적혀 있다.

선한 벗이여, 부디 참아다오,

여기 묻힌 흙을 파헤치는 일을.

이 돌을 그대로 두는 자에게는 축복을

내 뼈를 움직이는 자에게는 저주를 내리노라.

고고학자와 도굴꾼이 때로는 한 끗 차이일 때도 있다. 가령 칭기즈 칸의 무덤처럼 역사상 가장 거대한 무덤 중 상당수가 발견되지 않거나 열리지 않은 것도 일부는 두려움이나 반감 때문이다. 1922년 이집트 왕가의 계곡에서 파라오 투탕카멘의 무덤을 발굴했던 사람도 대다수 유달리 일찍 죽었는데, 이 역시 소위 투탕카멘의 저주라는 미신 탓으로 여겨졌다.

따라서 1949년 네크로폴리스에 재해가 덮쳤을 때도 미신을 믿던 작업자들은 전혀 놀라지 않았다. 그해 가을 내내 쏟아진 엄청난 폭우로 이탈리아와 로마가 침수됐다. 테베레강은 수위가 홍수 단계까지 높아졌지만, 돌로 높다랗게 쌓아 올린 강둑 덕에 간신히 버티고 있었다. 둑을 세우기 전인 고대에는 테베레강이 주기적으로 범람하여 로마가 물에 잠겼다. 그런데 지금, 갑자기 아무 이유도 없이 네크로폴리스에 물이 차오르기 시작했다. 주변은 내버려 둔 채, 마치 네크로폴리스만이 고대로 되돌아간 듯했다. 펌프들을 가져왔지만, 차오르는 물을 감당하지 못했다. 네크로폴리스가 3~4피트(약 1미터) 깊이의 물에 잠겼다. 10년간의 노고와 그곳에 보존된 고대 로마의 유물이 그대로 사라져 버릴 것 같았다. 어떤 특별한 저주, 요컨대 성 베드로의 저주였을까? 이윽고 모든 게 절망적으로 보이던 순간, 고대의 배관이 파손되어 홍수가 일어났음이 밝혀졌다. 배관이 수리되면서, 피해가 전혀 없는 것은 아니었지만 강물도 서서히 빠져나갔고 네크로폴리스도 살아났다. 비밀 발굴 작업이 재개되었다. 한편 바깥세상은 그런

성 베드로의 무덤에서 기도하는 교황 비오 12세.
제공: Religious News Service, OSV 문서보관소

위기도 그런 발굴 작업도 여전히 까맣게 모르고 있었다.

발굴 기사가 터지다 — 1949년

발굴 작업자들은 작업을 10년이나 비밀에 부쳐 온 비오 12세의 고집에 짜증이 났을 게 분명하다. 그들은 자신이 거대한 가족 묘시를 원형 그대로 발견했고, 베드로의 유골도 발견했다고 확신하며 이 일로 유명해지고 싶어 했다.

그렇게 고대하던 일이 1949년 8월 22일 자로 이루어졌다. 카밀레 잔파라(그의 소식통은 지금도 밝혀지지 않았다)라는 이탈리아 기자가 발굴 기사를 보도했다. 『뉴욕 타임스』에서 "성 베드로 유골 발견"이라는 제목의 1면 기사를 실었다. 『타임』도 발견 사실을 기사화했다.

1년 후, 비오 12세가 침묵을 깨고 라디오 연설을 했다. 교황은 베드로의 무덤이 발견되었다고 단언했다. 또한 인간의 유골도 발견되었지만, 추가 검증이 필요하다는 뜻을 밝혔다. 1950년의 라디오 발표 직후, 비오 12세는 이 위대한 성공을 경축하기 위하여 스트레이크와 그의 가족을 로마로 초대했다. 스트레이크 가족은 로마에서 발굴의 성공에 기여한 몬티니, 카스, 맥기오 등도 만났다. 그들은 교황을 알현했고 비오 12세는 교회를 대신해 스트레이크의 조력을 치하했다. 페루아와 발굴 작업자들도 그들의 공적에 경의를 표했다. 조지 스트레이크는 자신의 신앙을 확인하고 자신이 너무도 깊이 사랑하는 교회를 돕는 대규모 프로젝트가 멋지게 성공을 거두었다는 사실에 한껏 고무되었다. 스트레이크 가족은 그 여행이 그들 인생에서 가장 위대한 순간 중 하나라고 믿었다. 조지 스트레이크는 발굴 작업에 참여한 사실을 대외적으로 여전히 비밀로 했고, 마찬가지로 교회도 세상에 이름을 밝히지 않으려는 그의 뜻을 지켜 주었다.

월터 캐럴의 죽음

스트레이크 가족은 10년간 친구로서 연락을 주고받던 월터 캐럴을 만나지 못했다. 불가능한 계획을 뒤에서 돕던 천재 캐럴의 위대한 경주가 1950년 초에 끝났다. 그의 전기 작가 조지 케먼은 캐럴이 "유럽의 평화 정착을 위한 임무에 매달려 살다가, 전쟁이 끝난 후 몸져누운 뒤 유명을 달리했다"라고 적었다. 어린 시절부터 심장 질환과 싸워 온 그의 씩씩한 기상이 워싱턴 D. C.에서 멈추었다.

전 세계에서 추모 인사가 밀려왔다. 트루먼 대통령, 마크 클라크 장군, 대법원 판사 로버트 잭슨(뉘른베르크 전범 재판의 수석 검사), 심지어 캐럴이 제때 포로를 구하러 다하우에 도착했던 일을 기억하던 한 이탈리아 포로도 조의를 표했다. 몬티니와 맥기오는 위대하고 용감한 친구를 잃은 일로 상심이 컸다. 1951년 9월, 몬티니와 맥기오가 미국을 방문했다. 몬티니는 캐럴의 어머니에게 "친구의 무덤을 찾아 순례를 왔다"라고 말했다고 한다. 그는 맥기오와 함께 피츠버그에 가그들의 친구이자 전우였고, 다양한 비밀 활동에서 함께 뛰었던 공모자의 무덤을 찾았다. 캐럴의 이른 죽음은 몬티니의 가슴에 커다란 구멍을 남겼다. 훗날, 바오로 6세가 되어서도 몬티니는 이따금 캐럴의 형제들을 방문하여 제2차 세계 대전에서 살아남았음에도 용감한 월터 캐럴의 요절로 느낀 자신의 상실감을 분명하게 표현하곤 했다.

1950년대에 조지 스트레이크는 월터 캐럴의 친구들과 함께 피츠버그에 있는 캐럴의 고향 교회에서 커다란 종탑을 세우는 일에 자금을 지원했다. 오늘날 그곳을 찾는 방문객은 종탑과 교회의 건축 양식이 놀랍다고 입을 모은다. 종탑을 세운 사람 입장에선 불확실한 시대에 품위와 진실을 알리는 종과 같은 인물이었던 월터 캐럴을 기리는 그런 조형물이 당연하게 느껴질 뿐이었다. 그리고 이제, 새벽녘과 해 질 무렵 종소리가 울려 퍼지면, 그들은 위를 올려다보며 캐럴이 멋진 곳으로 가고 없음을 절감했다.

1951년, 몬티니는 자동차로 미국을 횡단하며 캐럴에게 많이 배웠던 그 이상한 나라를 기꺼이 체험했다. 몬티니와 맥기오는 피츠버그에서 콜로라도까지 자동차를 몰아 글렌 에어리에 있는 1,200에이커에 달하는 조지 스트레이크의 사유지로 그를 찾아갔다. 그들은 며칠 동안 스트레이크 가족과 그들의 전쟁 일화를 회상했고, 용감한 월터 캐럴과 그가 세웠던 계획들을 두고 많은 대화를 나누었으며, 베드로의 유해를 성공리에 발견한 이야기도 스트레이크에게 세세하게 전해 주었다. 그들은 다 함께 로키 산맥, 퀸스 캐니언, 이글 호수, 글렌에어리의 마법을 만끽했다. 스트레이크 가문은 오늘날까지 이 미래의 교황이 잠을 청했던 침대를 그대로 간직해 놓고 가끔씩 찾아오는 손님에게 한번 사용해 보라고 권하고 있다.

베드로의 거대한 미스터리는 다 해결된 듯 보였다. 발굴 이야기는 종료되었다. 까다롭고 대하기 힘들지만, 진실만을 추구하는 능력이 탁월한 한 여성이 현장에 등장할 때까지는 말이다. 사실, 가장 위대한 발견은 아직 제 모습을 드러내지 않은 채 앞에 놓여 있었다. 그 위대한 발견을 해낸 인물은 페루아도 발굴 작업자도 아닌 바로 마르게리타 과르두치였다.

14
마르게리다 과르두치

금석학은 고대 명문을 연구하는 학문이다. 고고학 분야 중에 금석학보다 더 미묘하고 어려운 분야도 없는 듯하다. 고대 명문이 있는 곳은 대개 어둡고 불쾌하고, 때로 위험하기도 하다. 금석학자는 곧잘 노상강도, 뱀, 전갈, 고대 유물을 노리는 도벌꾼이 난무하는 흥미로운 이야기의 출처가 되곤 한다. 고된 작업이라는 속성 외에도, 금석학은 관련 사어死語에 능숙해야 하고, 구어체와 오래전 사라진 세계로부터 빠르게 진화해 온 의미를 이해하는 능력도 갖추어야 한다. 드물긴 하지만 오래전에 암호로 새겨 넣은 명문을 판독할 수 있는 능력이 필요하기도 하다. 금석학자란 의미의 쓰임이 대개 몇십 년에 불과한 고대 암호를 하나씩 연결하여 진실을 밝혀내는 고고학계의 셜록 홈스나 마찬가지다.

20세기 이탈리아는 성차별이 극도로 심한 나라였다. 이탈리아 여성을 파스타를 요리하는 어머니라는 식으로 생각하는 고정 관념은 사실 그 장소와 시대의 이례적인 관점이 아니었다. 마르게리타 과르두치는 그런 고정 관념을 완전히 깨버렸다. 그녀에 대한 온갖 설명에 따르면, 과르두치는 남성이 지배하는 시대와 분야에서 놀라운 고고학적 전기를 마련한 이탈리아의 초기 페미니스트로 여겨졌던 것 같다. 그녀는 남자들과 깊은 사랑에 빠졌지만, 그 남자들이란 그녀가 태어나기 수천 년 전에 죽은 사람이었다. 그녀는 당대의 남성이나 세상에는 거의 관심이 없었다. 과르두치는 현재에 존재하면서도 과거에 살았다.

이야기 속 위대한 고고학자는 하나같이 근사하고 인상적인 체력과 외모를 지닌 세련된 남자이다. 〈레이더스〉의 주인공 인디아나 존스는 원주민과 뱀, 나치를 상대로 능숙하고 침착하게 싸운다. 『다빈치 코드』의 로버트 랭던 교수는 아름다운 소피 느뵈와 함께 목숨을 노리는 음모자들을 교묘하게 피해 가며 고대 유적지를 수없이 휘젓고 다닌다. 현실성 있게 써야 하는 게 소설이기 때문에 때로는 실화가 소설보다 기이하다고도 한다. 어떤 소설가도 마르게리타 과르두치 같은 인물은 만들어 내지 못했다. 탁월하면서도, 실제로 존재하는 천재 고고학자 과르두치가 찾아낸 발견은 이야기 속 경쟁자의 발견에 필적하거나 그보다 뛰어날 것이다. 그러나 작고 가녀리고 연약한 외모의 여성이라는 미약한 존재감에 가려 그녀의 불굴의 정신과 열정적인 에너지, 극한의 천재적 지성은 외부로 드러나지 않았다. 그녀는 진리를 찾아 탐구하는 정녕 '다이아몬드 비트' 같은 여성이었다. 과르두치는 먼 훗날 삶이 다할 때까지 천재성을 발휘하여 고고학계의 불가사의를 찾아냈고, 적어도 그녀의 이야기 속 경쟁자들만큼이나 훌륭하게 전투를 치러냈다.

그녀는 1902년에 이탈리아 피렌체의 뿌리 깊은 가문에서 태어났다. 새로운 세기의 초입에서 시작된 그녀의 기나긴 인생은 20세기가 저물 때야 끝난다. 그녀의 삶은 놀라운 여정이었다. 과르두치는 1924년 볼로냐대학교 고고학과를 졸업했다. 이후 로마 국립 고고학 학교와 아테네 이탈리아 고고학 학교에서 수학하며 평생의 업을 시작했다. 과르두치의 스승들은 그녀가 초기 그리스 금석학 분야에서 찾아보기 힘든 천재임을 거의 즉각 알아보았고, 그녀는 이내 유명 고고학자 페데리코 할베르의 핵심 동료가 되었다. 과르두치는 어려운 여건에서도 미치광이 같은 작업을 열정적으로 추진할 수 있는 능력의 소유자였다. '단호하지만 부드러운 성격'이 그녀의 특징이었다. 그녀는 엄중할 정도로 과학적 논리를 따랐으며, 일단 뭔가를 사실로 확신하면 자신의 신념을 굽히는 법이 없었다. 얼굴에선 늘 희미한 미소가 떠나지 않았고 눈은 새처럼 민활하고 반짝거렸다. 목에는 언제나 진주 목걸이가 걸려 있었고, 머리는 머리핀으로 한결같이 쪽을 지었다. 그녀는 태어나면서부터 죽을 때까지 오랜 세월 동안 늘 똑같은 목걸이에 늘 똑같은 희미한 미소를 걸고 있었다. 과르두치는 놀라운 기억력을 지닌 훌륭한 강연자이자 교사로 수많은 고대 그리스와 고대 미노스의 길고 긴 문장을 줄줄 외웠고, 때로는 무심결에 움직인 손가락으로 자신이 찾아낸 비문을 직접 써 보여 주기도 했다. 그녀는 일단 문제 해결에 돌입하면, 몇 년 혹은 몇십 년이라는 시간과 지칠 줄 모르는 열정을 진실을 찾는 일에 쏟아부었다. 하지만 여건은 대개 열악했다. 남성 우위의 시대에, 게다가 성차별과 부패로 악명 높은 이탈리아에서, 과르두치는 지위나 권세 혹은 남성 지배적 사회의 어떤 것도 인정하지 않았다. 그녀의 친구, 후원자, 동료는 진실뿐이었다.

과르두치의 세상은 기원전 3000년에서 서기 500년까지 존재했던 그리스와 크레타와 로마였다. 그녀가 늘 희미하게 짓고 있던 미소는 오래전의 세계에서 찾아온 시간 여행자가 어쩌다 오게 된 현재 세계의 어리석음을 보고 느끼는 재미를 반영한 것이었다. 한 지인이 과르두치를 1498년 불필요한 진실을 발설했다는 이유로 그녀의 고향 피렌체에서 말뚝에 박혀 화형당한 도미니크회 수사 사보나롤라에 비유한 것도 적절한 듯하다. 그러나 그 지인은 과르두치를 중세의 가장 위대한 성인 중 두려움 없이 진실을 밝힌 시에나의 성녀 가타리나에 견주기도 했다. 실로 사보나롤라와 가타리나 두 사람 모두의 특징이 과르두치에게 있었다.

과르두치의 피렌체 뿌리를 이해하지 않고는 그녀를 이해하기란 불가능하다. 그녀는 보티첼리, 티치아노, 조토, 레오나르도로 가득한 우피치 미술관이 있는 피렌체에서 성장했다. 오늘날에도 피렌체의 상당 부분은 14세기에서 17세기까지의 르네상스 시대 그대로 남아 있다. 피렌체의 위대한 시대는 고대 문명의 재발견으로 확장된다. 고색창연한 피렌체 주변을 거닐다 보면 어느새 메디치 가문과 도나텔로, 미켈란젤로의 세계로 시간 여행을 떠나, 그들을 통해 훨씬 오래된 고대 그리스와 로마라는 위대한 고전 시대까지 거슬러 올라가게 된다. 과르두치의 세계는 르네상스 시대 궁전, 베키오 다리, 미켈란젤로의 〈다비드〉, 시뇨리아 광장의 넵튠 분수로 이루어진 세계였다. 그녀는 산타 마리아 델 피오레 대성당에서 브루넬레스키가 지은 거대한 돔과 조토의 작품을 바라보며 경이감에 사로잡혔다. 그녀는 20세기 사람이 아니었다. 어린 시절부터 그녀의 세계는 아득히 먼 옛날에 존재한 세계였고, 그녀의 사랑과 꿈은 오래전에 사라진, 추레하고 상업적인 20세기에 때 묻지 않은 유물과 사람이었다. 과르두치는 미켈란젤로의 〈다비드〉를 쳐다보며 그 작품 속에서 고대 아테네의 조각가 프락시텔레스의 〈헤르메스〉나 나아가 페이디아스의 사라진 조각 작품을 엿보았다.

또한 과르두치가 고고학에 입문했을 당시의 고고학 수준을 이해하지 않고 그녀를 이해하기란 불가능하다. 당시는 고고학의 상황은 새벽이 아니라 학문으로서 발전하기 시작한 아침이었다. 이집트에서 활동하던 조반니 바티스타 벨초니, 트로이와 미케네(지금의 미코노스섬) 유적을 발견한 하인리히 슐리만 같은 발굴자 덕분에 고고학이란 학문이 널리 알려지기는 했다. 하지만 그들은 과학자인 만큼 탐험가이기도 했다. 그들의 방법은 투박하고 비과학적인 경우가 많았고, 보물 사냥꾼처럼 불가사의한 유물을 발견하여 베를린의 페르가몬 박물관이나 런던의 대영 박물관으로 가져가려는 의도가 다분했다. 그런 만큼 유적지를 체계적으로 연구하여 보존하는 일에는 별 관심이 없었다. 미국의 학자이자 작가인 케네스 할은 그 위대한 슐리만이 그리스인도 하지 못한 일을 트로이인에게 저질렀다는, 즉 트로이 전체를 파괴했다는 잔인하지만 정확하게 사실을 지적하는 글을 썼다. 1920년대부터 보물 사냥 대신 과학이 유물을 찾았다. 고고학자는 격자법을 사용해 단층별로 정확하게 조사하고 연구하여 연대를 정립하고, 사실상 고대 유적지에서 얻어 낼 수 있는 모든 정보를 취합하기 시작했다. 금석학, 사진, 법의학적 증거, 그리고 한참 후에는 탄소 연대 측정법과 다양한 원격 조사 장비가 한층 더 과학적이고 철저한 고고학 발굴 방식으로 자리 잡았다. 과르두치는 이런 과학적 방법과 도구를 심도 있게 활용함으로써 진실에 도달했다. 당시 제대로 훈련받은 여타 고고학자와 마찬가지로, 그녀도 이전의 고고학 조사에서 드러난 파괴적인 보물 사냥을 혐오했다. 그녀는 자신을 과학에 근거한 진실을 추구하는 과학자로 여겼다.

과르두치의 초기 이력

과르두치는 크레타 발굴 작업과 금석학에서 이름을 날렸다. 크레타섬의 고르틴시는 세계에서 가장 오랫동안 쉼 없이 점령당해 온 도시 가운데 하나로 연대가 약 6,000년 전인 신석기 시대 후반까지 거슬러 올라간다. 1884년, 페데리코 할베르는 다른 작업자들과 함께 기원전 525년에서 기원전 450년 사이의 석공들이 글귀를 새긴 10여 미터 높이의 원형 돌담을 발견했다. 훗날 '명문銘文의 여왕' 혹은 『고르틴 법전』으로 알려지게 될 명문이었다. 그리스의 황금시대 직전 고르틴시의 법전임에 틀림없는 그 거대한 명문은 40년 가까이 세상 사람들 태반은 이해할 수 없는 문장으로 남아 있었다. 할베르는 참으로 대단한 이력의 소유자였지만, 치밀한 연구보다는 인디아나 존스에 가까운 인물이었다. 그는 과르두치가 이미 금석학에서 보기 드문 귀재로 유명해진 터라 그녀의 천재성을 익히 들어 알고 있었다. 할베르는 과르두치를 자신의 작업에 참여시켰고 1929년에는 그녀의 스승이 되었다. 과르두치는 수년간, 그리고 할베르가 죽은 뒤에도 그 거대한 법전 해독에 몰두했다. 마침내 그녀는 해독에 성공했고, '위대한 명문'은 알려진 바대로 그리스인이 황금시대 직전에 자신의 삶을 실제로 어떻게 규제했는지를 가능한 범위 내에서 완벽하게 보여 주었다. 명문은 간음(가벼운 벌금), 강간(무거운 벌금), 이혼, 상속권, 범죄, 체포, 소송 등과 같은 문제를 다루었다. 75년간 유지된 법전은 노예의 권리를 확대하고 여성의 권리는 축소하도록 수정되기도 했다. 당시 과르두치는 수백 년을 아우르는 수천 개의 크레타 명문을 체계적으로 기록하고 라틴어(당시 고고학 분야의 공식 언어)로 번역했다. 20년이란 기간 동안 과르두치는 여기서 나온 결과물을 『크레타 명문들 Inscriptiones Creticæ』이란 여러 권의 시리즈로 만들어 자신의 이름과 사랑하는 작고한 스승의 이름으로 발표했다. 과르두치의 작업은 유명해졌을 뿐 아니라 학문의 초석을 다졌다. 그녀의 천재성은 20년이 넘는 부단한 연구와 결합하여 황금시대가 도래하기 이전 그리스 도시 국가의 실제 생활을 더할 나위 없이 완벽하게 설명해 냈다. 게다가 전설에나 등장하던 크레타 문명까지 거슬러 올라가는 명문을 풀어 처음으로 현대의 세계로 가져왔다. 그녀는 고고학계의 위대한 천재 중 한 명으로 세간의 칭송을 받았다.

과르두치는 여전히 남성이 지배하던 시대와 전문 분야에서 부딪히는 온갖 불리한 조건을 이겨 내고 오롯이 자신의 천재성만으로 저명한 고고학자, 다작의 저자, 세계 최대이자 최고最古의 대학인 로마대학교의 교수가 되었다. 그녀는 요령이나 정치 수완이 부족하기로도 유명했다. 과거가 아닌 현대의 사람이나 기관과의 관계가 서툴고 부족했던 과르두치는 모든 일을 명민 그 자체를 통해 성취했다. 유명한 이탈리아 유물 전문가 페데리코 체리의 말로 쉽게 표현해 보자면, 그녀에게는 진실 외에 어떤 의뢰인도 어떤 이념도 없었다.

독일의 철학자 아르투어 쇼펜하우어는 "천재는 남들 눈

에는 보이지 않는 과녁을 맞힌다"라는 글을 남겼다. 이런 이유에서 천재성은 축복인 동시에 저주이기도 하다. 적어도 감탄만큼이나 분노와 질투를 불러일으킨다. 그렇기 때문에 괴팍한 실패자로 여겨지던 빈센트 반 고흐는 살아생전 단 한 작품도 팔지 못했다. 니콜라 테슬라는 많은 사람에게 사기꾼으로 몰려 파산한 상태로 호텔 방에서 홀로 죽음을 맞았다. 분노와 질투는 특히 그런 천재가 재능이 열등한 남자에게 둘러싸여 있는 여성인 경우에 최고조에 달하는 듯하다. 전설이 사실이라면, 이런 경우는 멀고 먼 고대와 카산드라까지 거슬러 올라간다. 카산드라는 미래를 내다보는 재능이 있었지만, 자신의 동포 트로이인에게 선물을 가져오는 그리스인을 조심하라고 한 그녀의 유명한 경고를 무시하지 않은 사람은 아무도 없었다. 혹은 성녀 잔 다르크를 생각해 보라. 역사상 가장 위대한 여성 군 지휘관이었지만, 다른 누구도 아닌 한갓 여성이 그런 천재성을 지녔으리라고는 상상도 하지 못한, 그러므로 악마의 도움을 받은 게 틀림없다고 확신한 남성에 의해 마녀로 낙인찍혀 화형을 당하지 않았는가. 베일을 벗은 과르두치의 천재성은 눈 깜짝할 사이에 축복이자 저주임을 증명하며, 카산드라와 잔 다르크가 직면한 것과 똑같은 질투와 불신을 야기했다.

네크로폴리스의 과르두치

1952년 4월, 루트비히 카스가 사망했다. 비오 12세는 애정과 존경의 표시로 그들이 베드로를 발견했다고 믿은 장소에서 가까운 네크로폴리스에 그를 안장하도록 했다. 페루아와 여타 발굴 작업자가 사실상 일일 작업 과정에서 그를 배제한 상태이긴 했지만, 발굴 팀은 통솔자를 잃었다.

1952년 5월에도 베드로라고 추정되는 유골은 여전히 교황의 방에 보관되어 있었고, 그렇게 그곳에서 10년 세월을 보냈다. 페루아와 발굴 작업자들은 베드로로 추정되는 유골과 콘스탄티누스 황제 등이 세운 후기 제단 외에 베드로와 관련된 것을 거의 찾을 수 없다고 비오 12세에게 보고했다. 그들은 명문을 수도 없이 발견했지만, 이 명문을 이해할 수도 없고 의미도 없는 낙서로 여겼다. 페루아 발굴 팀은 고고학계의 천재와 선구자로 뽑혀 1950년 3월 『타임』 표지를 장식했다.

그해, 페루아 팀의 세계가 거꾸로 뒤집혔다. 과르두치의 유서 깊은 피렌체 집안의 친구인 몬티니가 발굴 현장을 둘러볼 최초의 바티칸 외부 전문가 중 한 명으로 그녀를 초빙했다. 몬티니와 스트레이크가 몬티니의 글렌 에어리 방문 중에 상당한 비용을 들이더라도 외부 전문가를 초빙해야 할 필요성을 논했는지도 모른다. 루트비히 카스와 마찬가지로 몬티니도 페루아 팀의 작업을 불편하게 여겼다. 그는 과르두치가 일주일 정도 그곳에 머물 것으로 예상하고 개인 자격으로 그녀를 초대해 네크로폴리스를 조사하게 했다. 그 일주일은 몇

십 년이 되었다.

　과르두치는 네크로폴리스에 들어서는 순간 발굴 팀에서 고고학의 기본 절차도 따르지 않았다는 사실에 경악했다. 세계에서 제일가는 고고학 현장임에 틀림없는데도, 그곳의 처리는 엉망진창이었다. 페인트가 칠해지기도 한 수많은 명문이 발굴된 뒤로 습하고 유해한 지하 세계에서 10년이나 방치되어 있었다. 역사가 그야말로 사라져 버릴 처지였다. 어떤 체계적인 사진 기록도 진행되지 않았다는 사실은 실로 충격적이었다. 과르두치가 그래피티 월을 봤을 때, 그녀의 숙련된 눈에는 그 독특하게 휘갈긴 자국이, 페루아의 보고처럼 아무 의미가 없는 것이 아니라, 오히려 아주 특별한 의미를 지녔음이 분명해 보였다. 마지막으로, 콘스탄티누스 황제가 건축한 제단 중앙에서 30피트(약 9미터) 떨어져 있는 한 무덤 속에서 과르두치는 아무도 보지 못하고 넘어간 '당신 시신 근처에 묻힌 기독교 남성들'을 뜻하는 명문 하나를 발견했다. 과르두치는 몬티니와 비오 12세에게 상세한 보고서를 올렸다. 이 보고서에 따라, 그리고 루트비히 카스의 사망에 따라 비오 12세는 카스의 자리에 페루아가 아닌 마르게리타 과르두치를 앉히는 놀라운 결정을 내렸다. 1953년, 과르두치는 발굴 작업 책임자가 되었다. 키르슈바움과 페루아는 바티칸에서 그들이 맡고 있던 행정직은 계속 유지했지만, 네크로폴리스의 지휘 계통에서는 돌연 배제되었다.

　과르두치가 전형적으로 요령이 부족한 인물임을 고려하

사도 베드로의 것으로 추정되는 유골이 처음 발견된 벽 틈을 찍은
사진을 보여 주는 마르게리타 과르두치.
제공: Religious News Service, OSV 문서보관소

면, 페루아가 크게 분노했던 것도 놀랄 일은 아니다. 그는 과르두치를 자신이 이룩한 업적에 따른 영예를 채 가리려는 무능력한 침입자로 보았다. 상황이 더할 나위 없이 좋았다 해도, 사제를 면직시키고 비난하는 평신도 여성과 친분을 쌓을 생각은 없었을 것이다. 과르두치의 비약은 페루아 내면에 잠재되어 있던 깊고 오래된 분노를 자극했다.

파르두치가 페루아의 1951년도 논문에 실린 어느 벽에 새겨진 명문의 사진에 주목하면서 상황은 더욱 악화되었다. 그녀가 현장에서 그 명문을 찾아보았지만, 네크로폴리스에는 존재하지 않았다. 과르두치는 페루아가 표면상으로는 연구를 위한다며 명문을 그의 집에 옮겨다 놓았다는 사실을 알았다. 비오 12세가 직접 명령을 내렸고 명문은 반환되었다. 이 중요한 명문은 '베드로가 여기 있다'라고 판독되었고, 이 명문이 없었다면 베드로의 불가사의는 아마 풀리지 않는 수수께끼로 남아 있었을 것이다. 명문은 원래 바티칸 대성당 중앙에 있는 가이우스의 트로페에서 1피트(약 30센티미터) 떨어진 그래피티 월에 놓여 있었다.

페루아는 현장에서 치워진 이 중요한 명문을 둘러싼 갈등을 그의 능력은 물론 그의 명예에 대한 공격이라고 여겼다. 그에게는 과르두치가 무능력한 밀렵꾼이나 진배없어 보였다. 말하자면, 비오 12세와 몬티니가 듣고 싶어 하는 말만 전달함으로써 그가 이루어 낸 공적을 빼앗으려고 온 사기꾼 물고기였던 것이다. 시간이 흐를수록 두 사람의 관계는 더욱 나빠졌

고, 분노가 치밀 대로 치밀어 오른 페루아는 과르두치의 일을
겨냥했다. 페루아는 그녀의 작업이 "근본적으로 잘못되었다"
고 비난하며 독설과 유머를 섞어 그녀를 조롱했다. 이와 달
리, 과르두치는 대체로 페루아를 무시하는 태도를 취한 모양
이다. 이런 적대적 관계는 고고학 역사상 가장 시끄럽고 지독
한 논쟁 중 하나의 시발점이 되었다.

페루아는 바티칸 유물 관리자로서 다양한 행정직을 계속
맡아 왔지만, 비오 12세 생전에는 발굴 책임자 자리에서 끝내
제외되었다. 그럼에도 바티칸 유물 담당 계통의 최고위직으
로는 서서히 올라가고 있었다.

발굴을 책임지게 된 직후 과르두치는 가이우스의 트로피
와 아주 가까운 그래피티 월의 맨 아래 있는 구멍 하나에 주
목했다. 구멍을 살펴본 순간, 그녀는 그 구멍이 아주 오래된,
안쪽에 대리석을 댄 벽 틈이라는 것을 알았다. 과르두치는 조
반니 세고니라는 인부에게 어떤 유물이나 유골을 그곳에서
발견한 적이 있는지 물었다. 세고니는 사실 11년 전인 1942
년에 그 구멍에서 유골을 발견한 적이 있다고 대답했다. 유골
을 무시하던 페루아의 태도에 반감을 느꼈던 카스는 세고니
에게 대리석 틈새에서 유골을 꺼내 나무 상자에 넣고 라벨을
붙여 창고에 넣어 두라고 부탁했고, 그 유골은 완전히 잊힌
채 10년 넘게 방치되어 있었다. 〈레이더스〉에 나오는 계약의
궤라는 허구의 보관함처럼, 과르두치도 베드로의 불가사의를
해결할 수 있는 실마리를 우연히 발견했지만, 그녀도 다른 사

람도 수년의 세월이 흐른 뒤에야 그 사실을 깨달았다. 페루아가 가이우스의 트로피 밑에서 베드로로 추정되는 유해를 발견한 사실을 고려하면, 그 뼈들은 베드로와 무관해 보였다. 따라서 과르두치는 이 그래피티 월의 뼈를 다시 창고에 보관한 후 법의학 검사를 시행하기로 했다. 그동안에도 베드로로 추정되는 뼈는 교황의 방에 남아 있었다.

과르두치는 발굴된 비문이 10년이나 열악한 환경에 노출되어 있었다는 점을 고려해 유물이란 유물을 죄다 사진으로 찍어 두는 일부터 시작했다. 스트레이크는 계속해서 그녀의 광범위한 발굴 활동에 필요한 자금을 지원했다. 과르두치는 날마다 아침이면 잿빛 네크로폴리스에서 명문을 조사하고, 저녁이면 산더미처럼 쌓인 사진을 살펴보며 진실을 밝히는 일에 광적으로 몰두했다. 대학에서 강의하는 것 말고는 바티칸 대성당 지하에서 진행된 비밀 발굴과 관련된 작업이 그녀 인생의 전부가 되었다.

그래피티 월의 명문은 휘갈긴 표시가 하나씩 겹쳐 있거나 빼곡히 들어차 있는 '숲'이나 마찬가지였다. 과르두치는 우선 숲에서 '나무'를 분리했다. 즉 명문을 하나씩 조사하기 위하여 실제로 만들어진 그대로 하나씩 분리했다. 과르두치는 수개월간 집요하게 촬영과 확대, 물리 검사를 동원하여 명문 하나하나를 아득히 오래전 누군가가 일시에 만들어 놓았던 그때의 상태로 정확하게 분리했다. 그리고는 그녀가 발견한 그 수백 개의 명문을 판독하기 시작했다. 거대하게 쌓아 놓은 막대기 더미에서 아무것도 무너뜨리지 않고 막대기를 분리하는 것과 비슷한 일이었다.

네크로폴리스는 원래 337년에 옛 성 베드로 대성당이 건축되었을 때 봉인되었다. 따라서 모든 명문의 연대는 그때보다 앞서는 게 분명했다. 과르두치가 처음으로 일구어 낸 대발견은 희미하게 "In Hoc Vince"라고 쓰인 라틴어 명문으로, '이것으로 승리를 거두리라'라는 의미였다. 이 명문은 콘스탄티누스 황제가 승리를 거둔 지 18년이 되기 전에 새겨진 게 틀림없었다. 과르두치는 이 명문으로 콘스탄티누스와 그의 군대가 밀비우스 다리에서 역사적인 승리를 거두기 하루 전날 십자가와 함께 이 글귀가 하늘에 적힌 모습을 목격했다던 이야기를 확인할 수 있었다. 이 기상천외한 이야기는 먼 훗날 만들어진 신화라는 게 보편적인 생각이었다. 그러나 과르두치의 발견은 이 이야기가 나중에 만들어진 이야기가 아니라, 목격자가 아직 살아 있던 시기에 회자되기 시작했다는 점을 확인해 주는 부정할 수 없는 증거였다.

15
명문이 말하다

과르두치는 1953년부터 1958년까지 그래피티 월과 근처 레드 월의 명문을 연구하는 일에 몰두했다. 어두컴컴한 네크로폴리스에서 손전등을 비춰 명문을 살피며, 때로는 어슴푸레한 빛 속에서 눈을 감고 고대 기독교인이 그랬던 것처럼 손가락으로 명문을 그려 보며 의미를 이해하려고 애썼다. 명문을 쓴 저자와 정신 교감이라도 하려는 것처럼 돌 자체를 더듬어 보기도 했다. 페루아는 이 명문들을 무의미하거나 이해할 수 없는 낙서라고 보고했었다. 과르두치는 5년간 밤낮으로 쉬지 않고 연구한 끝에 이 명문에 심오한 의미가 담겼음을 밝혀냈다.

과르두치의 작업은 발견과 활용면에서 금석학의 가장 유명한 업적인 로제타석의 그것과 유사했다. 고대 이집트 상형문자는 개념 기호idea symbols였는데, 훗날 구어와 결부된 음성 기호로 바뀌었다. 이 고대 상형 문자는 이집트 전역에 여전히 남아 있었지만, 아무도 읽지 못하는 사어死語였다. 1796년, 로제타석이 발견되었다. 로제타석에는 같은 법령을 상형 문자와 그리스어, 이집트어로 거의 똑같이 기록한 문장이 있었고, 이 문장이 오래전에 잊힌 고대 이집트 상형 문자를 해독하는 열쇠가 되었다.

과르두치에게 네크로폴리스 명문의 의미를 푸는 열쇠는 초기 기독교인과 그들의 신앙, 그리고 그들을 둘러싼 위험을 이해하는 데 있었다. 열쇠로 둘러싸인 'P' 같은 기호는 비기독교인에게는 무의미하겠지만, 기독교인이라면 이 기호를 보고 예수가 베드로에게 "나는 너에게 하늘나라의 열쇠를 주겠다"(『마태오의 복음서』 16장 19절)라고 한 말을 떠올릴 것이다. 마찬가지로, 알파와 오메가 기호(그리스 알파벳의 첫 글자와 마지막 글자)가 비기독교인에게는 무의미한 헛소리로 보이겠지만, 예수가 알파이자 오메가인 기독교인에게는 중요한 의미를 지닌다. 'T'(십자가 상징)와 선으로 연결된 'R'(즉 'T-R')도 비기독교도에게는 의미가 없겠지만, 초기 기독교인에게는 심오한 의미가 있었는데, 그들 모두에게는 이 기호가 예수의 죽음으로 손에 넣은 부활을 의미했기 때문이다. 이런 명문을 이해하려면 고대 기독교인의 신앙이란 렌즈를 통해 명문을 살펴보아야 했다. 이들 기호는 소리(음)만이 아니라 복잡한 개념을 전달하는 데도 사용된 표음 기호였다.

1920년대 초 소련의 강제 노동 수용소에는 정치범 교도

소 백해White Sea 출신 죄수들이 경비원은 이해할 수 없는 소리로 서로 의사소통을 할 수 있는 거의 만능에 가까운 '탑 코드top code'를 개발했다. 그와 상당히 동일한 방식으로, 그리고 그와 동일한 이유에서 초기 기독교인도 로마 당국자는 이해하지 못하지만 그들끼리는 이해할 수 있는 그들만의 명문 암호를 개발했다.

과르누지가 이 암호를 해독해 낸 것이다.

다양한 그리스 문자가 영적인 개념을 나타내는 기호로 사용되었다. 가령 알파와 오메가는 처음과 끝을 나타냈다. 알파와 오메가 다음에 예수를 나타내는 기호('XP', 카이로)를 표시하여 예수가 처음이자 끝이라는 생각을 표현했다. 오메가와 알파 다음에 어떤 이름이 오면 누군가의 생명은 끝났지만, 천국에서 예수와 함께하는 그들의 진정한 생명은 막 시작되었음을 의미했다. 마찬가지로 과르두치는 영성을 의미하는 다양한 문자, 요컨대 부활을 뜻하는 'R', 성모 마리아를 가리키는 'M' 또는 'MA', 십자가를 의미하는 'T' 등을 발견했다. 한 걸음 더 나아가, 과르두치는 영적인 의미와 이름이 줄로 연결됐다는 사실도 깨달았다. 가령 예수의 기호가 'R'(부활)와, 'T'(십자가)와 줄로 연결되기도 하고, 다시 'V'(승리)와 연결되기도 했다.

기독교인은 발각되지 않도록 바위에 재빨리 새겨야 했던 탓에 의사를 축약형으로 전달했다. 오늘날 트위터나 문자 메시지로 의사소통하는 것과 완벽한 구조의 문장이 실린 책의 차이점을 생각해 보자. 요즘 소셜 미디어에서 약어로 사용되는 'LOL'이나 'OMG' 같은 두문자어頭文字語를 내용 면에서는 그런 초기 기독교 낙서와 비교할 수 없다 해도, 생략형이란 면에서는 비슷하다고 할 수 있다. 과르두치는 고대 로마 제국을 아우르는 지역(특히 소아시아와 로마에 있던 지역)의 전역에 퍼져 있는 기독교 명문을 조사했고, 그 암호가 마구잡이식 암호가 아님을 증명했다. 명문은 다수의 초기 유적지에서 기독교인에게 몇 번이고 재차 활용되며 정착되었고 쉽게 이해되는 의미를 지니고 있었다. 과르두치는 수백 년에 걸친 기독교 비문을 광범위하게 조사한 결과 실제로 기독교인이 그들의 신앙을 이해하지 못하는 사람에게는 알려지지 않은 암호로 서로 이야기를 주고받았다는 사실을 밝혀냈다. 1세기에서 4세기까지의 이 기독교 명문은 요즘과 비교하자면 냉전 시대에 레닌의 묘비에 그려 놓은 자본주의자의 낙서 같은 것이었을 것이다.

로마 제국의 수도 중심부에서 이 초기 기독교인이 명백하게 보여 준 영웅적 행동과 독실한 신앙심과 용기는 과르두치에게 깊은 영향을 끼쳤다. 그들은 과르두치에게 2,000년 전의 목소리로 '최대한 관심'을 기울이도록 명했다. 그녀는 이렇게 썼다.

성 베드로의 무덤 문제를 조사하면서, 우리는 세 번째 목소리를 찾았다. 고대의 저자와 발굴 작업의 생생한 증언에 비문碑文의 목소리가 더해진 것이다. 우리가 최대한 관심을 갖고 귀 기울여야 할 목소리였다. 일반적으로 비문이야말로 우리에게 과거에 일어난 사건의 직접적이고, 살아 있는 메아리를 전달해 주는 소중한 목격자이기 때문이다.

과르두치는 명문 해독외 암호를 제공해 줄 초기 교리를 떠올리기 위하여 자신의 초기 기독교 뿌리까지 거슬러 올라가야 했다. 오래된 영국 노래를 빌려 말해 보자면, 예전에는 그녀의 눈이 보이지 않았지만, 이제는 보였다. 시간이 흐르면서 명문으로 인해 과르두치 자신이 크게 변했다. 명문 해석 이전, 그녀의 작업이란 사실상 크레타섬에서 그리스의 고전 시대 이전과 고전 시대를 연구한 게 전부였다. 이런 고대 기독교 명문을 해독하는 물리적인 작업에 초기 기독교인의 독실한 신앙에 대한 깨달음이 결합해, 과르두치 자신의 신앙이 깊고도 깊어진 것 같다.

그래피티 월이 지닌 신학적 함의는 오늘날에도 여전히 심오하고 감동적이다. 그 명문은 기독교 신앙이 2,000년 동안 지속되어 왔음을 분명하게 상징한다. 베드로는 교회와 초기 신도의 가슴속에서 중추적인 역할을 했다. 초기 기독교인은 예수에게 기도하고 성모 마리아와 베드로, 그 외 여러 성인에게 가호를 기원하기도 했다. 아주 이른 시기부터 기독교인은 예수가 십자가에 못 박혀 처형당함으로써 열린 영생을 믿었다. 이 고대 명문은 기독교가 진화를 거듭하는 단순한 종파가 아님을 확실히 했다. 일찍이 250년에서 300년 사이에 살았던 기독교인도 오늘날 우리가 받아들이는 기본 교리와 똑같은 기본 교리를 믿었으며, 이런 믿음을 표현한 명문을 만드는 일에 기꺼이 목숨을 내놓았다.

그래피티 월은 레드 월 바로 옆에 있었고, 레드 월은 베드로로 추정되는 유골이 몇 년 전에 발견된 곳이었다. 레드 월은 160년까지 연대가 올라가는 봉랍이 든 벽돌로 만든 담이었다. 레드 월의 일부는 250년에 그래피티 월에 덮였다. 과르두치는 우선 그래피티 월 안쪽에서 "베드로 근처"라는 사람을 감질나게 하는 명문을 발견했다. 그런 다음 파급력이 엄청날 사실 하나를 발견했다. 페루아의 거처에 있던 명문을 가져다 그래피티 월의 제자리에 놓고 보니 명문에 "베드로가 안에 있다"라고 적혀 있던 것이다. 과르두치는 레드 월 근처에서 100년대 초부터 내려오는 기독교의 익숙한 물고기 상징 같은 초기 기독교 명문도 발견했다. "베드로여, 나를 위해 기도해 주십시오" 같은 100년대 후반에 새겨진 명문도 찾아냈다. 그녀는 그래피티 월에서 베드로를 언급한 명문을 계속 해독해 나갔다. 결국 그녀는 베드로의 이름이 그래피티 월에 20곳 이상 각인되어 있음을 알아냈다. 우연일 리가 없었다. 초기 기독교인이 베드로의 실제 유해가 있는 바로 이곳에서 그에게 예배를 올린 게 분명했다. 사실상, 베드로를 반복해서 언급한 이런 명문이 있는 그래피티 월이 그의 마지막 안식처를 표시한 고대의 묘비일 가능성이 상당히 높아 보였다.

　　과르두치는 그로부터 5년이란 시간이 흐른 뒤에야 자신이 마침내 베드로의 불가사의를 풀 실마리를 찾았다는 사실을 깨달았다.

16
뼈가 말하다

1956년, 비오 12세는 유럽 최고의 의료인류학자인 팔레르모 대학교의 베네란도 코렌티 교수를 초빙하여 페루아와 키르슈바움이 13년여 전에 발굴하여 성 베드로의 유골로 추정한 뼈를 임상학적으로 정밀 조사해 달라고 요청했다. 1942년 일반의 손에서 초기 검사가 이뤄진 이래, 유골은 교황의 거처에서 그대로 어떤 의문도 없이 보관되어 있었다. 키르슈바움의 기록에 따르면, 이 뼈가 베드로의 유골이라는 것은 "거부할 수 없는" 사실이었다. 당시 발굴 작업자들은 자신들이 베드로를 발견했다고 확신했고 또 그렇게 보고했다.

알고 보니 초기 발굴 팀에서 크나큰 오류를 범했음이 밝혀졌다. 코렌티 교수는 이내 그 유골이 한 사람이 아닌 여러 사람에게서 나온 뼈라고 밝혔다. 덧붙여 동물의 뼛조각도 들어 있다고 했다. 비오 12세는 1958년 선종 전에 그 유골이 베드로의 것이 아니라는 보고를 받았다. 그가 어떤 반응을 보였는지에 대한 직접적인 기록은 없지만, 분명 크게 실망했을 것이다. 20년 전에 비오 12세의 지시로 착수한 사도 프로젝트는 로마의 고고학 유물을 믿기 어려울 정도로 찾아냈고, 베드로가 로마에 왔고 로마에서 사망했다는 강력한 증거를 밝혀냈다. 그러나 비오 12세가 그렇게나 바라고 바라던 논쟁의 여지기 없는 증거, 즉 베드로의 유해는 끝내 발견하지 못했다. 교황은 과르두치가 진행하던 명문 연구의 범위가 어디까지인지도 몰랐던 것 같다. 안타깝게도 비오 12세는 사도 프로젝트에 대한 그의 꿈이 채 완성되기도 전에 영면에 들고 말았다.

발굴 작업은 교황의 서거 이후에도 계속되었다. 1960년, 코렌티는 오랫동안 베드로의 유해로 추정되던 뼈에 대한 조사를 끝냈다. 그는 그 유골들이 베드로의 뼈라고 추정하기에는 너무나 젊은 남자 두 명과 늙은 여성 한 명의 뼈라는 결론을 내렸다. 키르슈바움과 페루아는 그 결과에 소스라치게 놀라고 분개하며 믿으려 하지 않았다.

과르두치는 그래피티 월에서 발견되어 1942년 카스 덕에 간신히 보존되었던 뼈를 기억했다. 그래피티 월에서 나온 "베드로가 안에 있다"라는 명문은 그녀가 그래피티 월에서 발견한 베드로를 언급하는 수많은 암호와 함께 그 뼈에 제대로 적용해 볼 수도 있었다. 어쩌면 그래피티 월의 명문이 고대 기독교인이 비밀리에 성지를 표시해 두고 그곳에서 예배를 하던 방식을 보여 주는지도 몰랐다. 만약 그렇다면, 그래피티 월은 사실상 고대의 묘비일 터였다. 과르두치는 1962년에 그래피티 월의 뼈를 코렌티에게 조사해 달라고 요청했다. 그 뼈는 과르두치가 뼈의 존재를 알고 간단하게 살펴보려고 1953년에 단 한 차례 밖으로 꺼내 왔을 뿐, 20년 동안 창고에 보관되어 있었다.

코렌티의 검사

뼈가 창고에 20년 동안 보관되어 있는 사이 생쥐 한 마리가 상자로 들어가 죽은 모양이었다. 상자 속에 생쥐의 골격이 그대로 남아 있었다. 코렌티는 작은 동물의 뼛조각 그리고 아무 관련이 없는 인간의 유골 파편도 발견했다. (가족묘가 들어서기 오래전) 바티칸 언덕은 베드로의 사망 이전에 이미 수천 년 동안 시신을 버리는 장소로 사용되었기에 인간의 뼛조각이 나타나는 것은 충분히 예상된 일이었다. 그러나 코렌티는 한 사람에게 속한 여러 가지 뼈도 발견했고, 두개골 조각, 턱, 치아 한 개, 척추골, 골반, 다리, 팔, 손이 모두 존재한 덕분에 광범위한 법의학 검사가 가능했다. 코렌티는 그래피티 월의 뼈를 감정하면서 놀라운 사실을 밝혀냈다. "베드로가 여기 있다"라는 명문과 아주 가까운 곳에서 발견된 뼈가 60세에서 70세 정도의 강건한 남성의 것으로 판단된다는 점이었는데, 이는 베드로가 순교했을 당시 추정되는 그의 나이와 엇비슷했다. 더더욱 놀라운 것은 그 뼈가 원래 그래피티 월 안쪽보다는 가이우스의 트로피 아래 위치한 그래피티 월 옆의 흙에 묻혀 있었다는 점이다. 1,700년 동안 뼈에 붙어 있던 흙이 그 증거였다. 그 뼈가 전에는 자주색과 금실로 짠 초창기 천에 싸여 있었다는 감정 결과도 나왔다. 천의 염료는 1~3세기에 로마 황실에서만 사용하던 종류였다. 놀랍게도 그 뼈는 십자가에 거꾸로 처형당한 사람의 유골로 봐도 무방하다고도 판단됐다. 로마인이 처형당한 시신을 치울 때 통상 그랬듯이 유골의 다리 역시 절단되어 있었다. 못을 뽑느니 절단하는 쪽이 더 수월했기 때문이다. 그래피티 월이 건축된 250년과 네크로폴리스가 봉인된 337년 사이에 그 뼈는 가이우스의 트로피 아래쪽 흙에서 그래피티 월의 틈새로 옮겨졌던 것이다.

1963년, 몬티니 추기경(1939년에는 몬시뇰로서 캐럴 신부를 조지 스트레이크에게 파견하였고, 1952년에는 과르두치를 고용했다)이 요한 23세에 이어 교황이 되었고, 이름은 바오로 6세로 정해졌다. 과르두치는 신임 교황을 알현하고 그래피티 월의 유골을 감정한 놀라운 결과를 보고했다. 교황 바오로 6세는 코렌티가 추가로 여러 검사를 실시하도록 조심스레 승인했다. 검사 결과, 뼈에 붙어 있던 자주색 천의 짜임과 염료 모두 2세기나 3세기 로마 황실의 것으로 밝혀졌다. 게다가 뼈에 붙어 있던 흙 부스러기가 가이우스의 트로피 아래 무덤 중심의 흙과 정확히 일치했다. 추가로 시행한 법의학 실험도 코렌티의 결론을 입증했다.

그 결과를 건네받은 페루아는 결과의 유효성을 전면 부인했다.

1964년 말, 과르두치는 바티칸 시국에서 발표할 보고서를 작성했다. 보고서에는 베드로의 유해가 발견되었다는 것이 사실상 확실하다는 결론이 담겨 있었다. 한 걸음 더 나아가 베드로가 애당초 가이우스의 트로피로 표시된 성 베드로 성당 한가운데 땅속에 매장되어 있었다는 추론도 내놓았다. 그 후 베드로의 유해는 자주색 천으로 감싸여 (그래피티 월이 세워진 250년과 성 베드로 성당이 완공된 337년 사이에) 암호 비문이 표시된, 안에 대리석을 댄 그래피티 월의 작은 틈새로 옮겨졌다. 그 틈새 벽이 조금도 손상되지 않은 덕에 베드로의 유해는 1941년까지 그곳에 그대로 남아 있었다. 벽에는 최소 20개의 명문이 베드로를 가리키고 있었고 그 명문들은 337년 네크로폴리스 봉인 전에 그곳에서 작성된 것이 분명했다. 바오로 6세는 이 보고서와 모든 작업 자료를 이해관계가 없는 전문가 5명(고고학자 3명과 그리스 금석학 전문가 2명)에게 제출했다. 이 다섯 사람은 만장일치로 보고서가 한 치의 착오도 없이 정확하며 과르두치가 베드로를 발견한 것이 사실이라는 결론을 내렸다.

페루아는 교황이 정보에 '귀를 기울이지 않는 것'뿐이며 과르두치가 그녀의 '신앙' 때문에 결과를 과대 포장하거나 잘못 해석한 것이라는 반응을 보였다.

17
페루아의 복수

1965년 2월에 발표된 과르두치의 보고서는 고고학 역사상 가장 치열한 논쟁을 불러일으켰다. 안토니오 페루아가 평단을 이끌었다는 것은 놀랄 일도 아니었다.

페루아는 과르두치의 초기 명문 관련 저술을 "산을 옮길 만한 신앙"(「마태오의 복음서」 17장 20절)은 있지만, "근본적으로 잘못 알고 있는" 여성 저자의 작품이라고 비난했다. 과르두치는 자신의 신앙을 굳건히 하려고 연구 결과를 조작했다는 비난을 받았는데, 그녀의 신앙이 명문에 힘입어 더욱 견고해진 듯한 걸로 보아 그녀가 사실을 묘하게 뒤집어 놓았다는 것이다. 과르두치는 보관 상자로 기어 들어가 죽은 생쥐의 뼈를 베드로의 유골로 감정했다는 조롱을 받았다. 페루아는 근처에서 발견된 동전 2개 중 하나는 연대가 357년, 다른 하나는 중세라는 사실도 지적했다. 그리고 이러한 점이 유골의 연대가 과르두치가 추정하는 것만큼 먼 옛날까지 올라가지 않을 수도 있다는 증거라고 주장했다. 그는 또한 과르두치의 주장을 폄하하고 그녀의 주장이 전적으로 추측에 의존한 데다 한 여성의 신앙 행위에 불과하므로 무시해 버려야 한다고 호소하는 보고서를 바오로 6세에게 제출했다.

그런 공격성 보고서를 읽고, 과르두치를 근거 없는 신앙에 의존해 작업하는 '여성'으로 치부하는 페루아의 주장을 무시하기란 어려운 일이다. 이는 어쩌면 20세기 중반 이탈리아 특유의 성차별주의를 보여 주는 한 가지 사례일 뿐일지 모르지만, 한 사제가 제출한 보고서라는 점에서는 잠시 생각할 여지를 준 것만은 분명하다. 어쨌거나 예수가 선택한 첫 전령은 여성이 아니었던가. 「요한의 복음서」4장에 나오는 우물가의 사마리아 여자 말이다. 이 여자는 다섯 차례 결혼했고 여섯 번째 남자와 결혼하지 않은 채 살고 있었지만, 예수는 그녀를 사마리아 사람에게 보내는 자신의 첫 전령으로 선택했다. 네크로폴리스의 명문을 포함해 수많은 초기 기독교 명문에서 그녀를 항아리를 든 모습으로 묘사한다. 게다가 과르두치와 코렌티 그리고 전문가 다섯 사람이 진행한 과학적 연구와 그들이 수집한 산더미처럼 많은 증거로 볼 때, 연구 결과를 단순히 과르두치의 신앙 행위로만 폄하한 것은 페루아 측에서 일부러 견지한 맹목적인 태도로 보인다.

사도 프로젝트에 이미 15년 가까이 몰두해 왔던 과르두치는 페루아 등의 비평가가 던진 의문에 답하고자 과학적이고 법의학적인 연구를 3년가량 추가로 진행했다. 로마대학교의 화학자들이 자주색 실과 금실을 검사한 결과 1~3세기의 직물이라는 점이 다시 확인되었다. 그 짜임과 자주색 염료는 당시 로마 황실에서나 사용되던 것이었다. 기독교인이 남긴 후기 동전과 여타 여러 동전은 2,000년을 거치는 동안 벽틈을 통해 떨어져 나온 것으로 밝혀지기도 했는데, 특히 그래피티 월에서 발견된 동전 하나의 연대는 그래피티 월이 기틀조차 마련되기 '이전'인 14년의 것으로 판단되었다. 유골이 처음 발견된 그래피티 월의 틈새는 전문가의 손에 해체되었다. 로마산 벽돌들은 그 틈새와 유골이 최초 건축 이후(확실히 337년경 옛 성 베드로 대성당 건축 이전) 누구의 손도 타지 않았음을 입증했다.

1966년, 과르두치는 비난을 퍼붓는 이들에게 소논문과 기사로 대응했다. 네크로폴리스 중앙에서 불과 2피트(약 60센티미터) 떨어진 곳에서 발견되고, "베드로 근처"와 "베드로가 여기 있다" 등 연대가 337년 이전인 최소 20개의 명문에 둘러싸여 있던 이 뼈가 베드로의 유골임을 입증하는 증거는 차고 넘친다는 것이 그녀의 주장이었다. 그녀는 이 뼈가 원래는 가이우스의 트로피 아래 흙 속에 묻혀 있다가 250년에서 337년 사이에 그래피티 월로 옮겨져 은닉되었다고 주장했다. 과르두치는 옛 성 베드로 대성당을 건축하는 동안 이 뼈를 보호하기 위하여 옮겨 놓은 것 같다고 보았다.

다수의 바티칸 내부 인물로 거친 저항 세력을 조직한 페루아는 교황에게 그 유골을 무시하라고 간청했다. 그는 베드로의 시신이 테베레강에 던져지지 않고 바티칸 언덕에 매장되었다는 물적 증거는 전혀 존재하지 않는다고 주장했다. 훗날 페루아는 바오로 6세를 비오 12세처럼 전혀 '귀를 기울이지' 않는 인물로 묘사했다.

1968년 6월 26일, 교황 바오로 6세는 베드로의 유골을 발견했으며, 과르두치가 네크로폴리스에서 발굴한 뼛조각들이 "우리가 신빙성 있는 증거라고 생각할 수 있을 정도는" 확인되었다는 결론을 전 세계에 발표했다. 다음 날, 그 뼈들은 섬유 유리 상자에 담겨 25여 년 전에 꺼내졌던 그래피티 월 틈새로 되돌아갔다. 가장 큰 뼈만은 투명 섬유 유리를 통해 벽 안에 들어 있는 모습이 보이도록 했다.

그러나 이러한 발견을 해냈다는 사실을 거부하고 크게 분개한 사람이 적어도 한 명은 그날 바티칸 성당에 남아 있었는데, 바로 과르두치의 최고 숙적 안토니오 페루아였다. 과르두치가 책임을 맡은 이후 발굴 작업에서 배제되긴 했지만, 페루아는 바티칸 내에서 막강한 자리를 두루 차지하고 있었다. 1970년대 말, 그는 고고학 위원회 수장이 되었고, 때를 기다렸다.

돌아가신 이에게 명복이 있을지어다

1958년, 교황 비오 12세가 서거했다. 그에 맞춰 조지 스트레이크는 세인트루이스대학교에 비오 12세 기념 도서관을 건립하고, 베드로의 유해 발굴로 이어진 단서를 제공한 로마 바티칸 도서관의 고대 문서를 전부 마이크로필름에 담아 보존하는 작업에 5만 달러를 기부하며 모금 운동을 주도했다. 스트레이크는 값을 헤아릴 수 없는 이 소중한 문서들을 보존하고 싶어 했다. 알렉산드리아와 콘스탄티노폴리스의 고대 도서관이 처참하게 파괴되고 만 것처럼, 화재나 폭탄 혹은 현대판 반달족이 단 한 차례라도 휩쓸고 지나간다면 바티칸 도서관에 소장된 방대한 고대 문서의 유일한 사본은 파괴될 가능성이 있었다. 100만 부가 족히 넘는 서적과 필사본, 바스러지는 상태의 일부 문서를 포함한 37,000부 이상의 고문서를 필름에 담는 작업이 이루어졌다.

스트레이크는 또 1950년대에 애지중지하던 글렌 에어리를 빌리 그레이엄의 뜻을 지지하는 개신교 단체에 명목상 소액만 받고 기부했다. 이 단체에서 이글 호수 근처에 있는 스트레이크 소유의 유명한 토지도 인수하려 들었지만, 스트레이크가 이를 거절했다. 그는 그 땅과 헤어질 수 없었다. 그러나 계약 당일, 스트레이크는 그 땅을 두고 밤새 기도한 끝에 자신이 아끼던 이글 호수 근처의 토지를 아무 대가도 받지 않고 넘기겠다고 말했다. 이런 도량 큰 행동은 가장 소중하게 여기는 것조차 기부로 내놓는 등 일평생 희생적 삶을 살아온 그의 인생과도 맞아떨어졌다.

1969년, 스트레이크가 일흔넷의 나이에 갑작스레 사망했

1947년, 조반니 바티스타 몬티니 몬시뇰(훗날 교황 바오로 6세가 됨)과
교황 비오 12세.
제공: Religious News Service, OSV 문서보관소

다. 8월 6일에 텍사스주 콜럼버스 근처에서 스트레이크가 몰던 자동차가 멈췄다. 차에서 내린 그는 8월의 뜨거운 뙤약볕에서 자동차를 밀기 시작했다. 지나친 무리였다. 끝내 그의 위대한 심장이 멈췄다. 스트레이크는 마지막 숨이 남아 있을 때 마지막 한 푼까지 기부할 것이라던 자신의 목표를 이루지는 못했지만, 열심히 노력하기는 했다. 그는 남은 재산 거의 전부를 한 재단에 맡겨 그의 사업을 계속 추진하도록 해 놓았다. 스트레이크의 친구인 교황 바오로 6세를 비롯해 텍사스에서 로마까지 이르는 모든 친구가 그의 죽음을 애도했다. 스트레이크가 사도 프로젝트의 자금을 지원했다는 사실은 그의 장례식이나 사망 기사에서조차 드러나지 않았다. 하지만 스트레이크는 베드로가 발견되었다고 믿고 사망했다.

곧이어 또 다른 거목 조지프 맥기오 대주교가 쓰러졌다. 맥기오가 사도 프로젝트와 제2차 세계 대전의 여러 작전에 참여하고 난 다음, 바오로 6세는 그를 특사로 임명하여 인종 격리 정책에 맞서도록 남아프리카로, 그다음에는 종교 분쟁을 종식시키라는 마지막이자 결실을 맺지 못한 사명을 부여하여 아일랜드로 파견했다.

이들의 죽음은 친구와 옹호자가 서서히 사라지고 있던 과르두치에게 충격을 주었다. 바티칸에서 그녀의 입장을 지지해 주는 사람은 바오로 6세뿐이었다.

한편, 페루아는 과르두치와 그녀가 발견한 내용을 반대하는 운동을 계속 펼쳐 나갔다. 그는 직접 작성했거나 자신의 견해를 반영한 여러 논평을 통해 과르두치와 그녀가 발견한 것, 구체적으로는 현재 네크로폴리스에 전시되어 있는 그래피티 월의 뼈를 성 베드로의 유골로 인증하는 데 의문을 표했다. 시간이 흐르면서, 페루아는 서서히 바티칸에서 고고학을 담당하는 최고 관료가 되어 방대한 네크로폴리스를 통제하게 되었다.

1971년 12월, 『내셔널 지오그래픽』에서 과르두치의 위대한 발견을 설명하고 그녀를 발굴 프로젝트의 핵심 인물로 다룬 기사를 실었다. 페루아는 그 발견에 의문을 표한 무명의 과학자로 언급되었을 뿐이었다.

1977년, 바티칸에서 바오로 6세가 베드로의 유해 발굴 성공을 치하하는 내용으로 시작하는 과르두치의 작은 책 『베드로: 교회가 세워진 반석Peter: The Rock on Which the Church Is Built』을 발간했다. 과르두치의 위대한 발견은 확실히 가톨릭교회의 최고 권위자로부터 높은 평가를 받았다. 그러나 이런 분위기는 이내 뒤집어질 판이었다.

18
네크로폴리스의 발굴

마르게리타 과르두치는 1952년부터 베드로 유해 발굴과 명문 해독에 심혈을 기울였다. 그러나 지하 네크로폴리스를 보존하고 연구하고 이해하는 일도 그만큼 열심히 했다. 그녀가 참여하기 시작한 당시 네크로폴리스는 파손 상태가 심했기 때문에, 고고학자를 위해 네크로폴리스가 간직해 둔 보물을 알아본 것은 과르두치의 천재성 덕이기도 했다. 그곳에는 로마 제국의 전성기에 살던 로마인 1,000명 이상의 잔해와 유골, 기념물이 있었고, 연대는 대개 160~250년까지 거슬러 올라갔다. 네크로폴리스는 사실상 바티칸 언덕 옆 100여 피트(약 30미터) 길을 따라 들어선 22구의 명문가 무덤으로 이뤄진 마을이나 마찬가지였다. 이 무덤들이 옛 성 베드로 대성당으로 덮이기 전에는 그곳에서 로마로 가는 널따란 공도公道가 내려다보였다.

이 무덤들은 가문의 위상을 세상에 과시하고, 파티를 열어 고인을 추모하는 가문의 회합 장소를 마련하기 위한다는 두 가지 중요 이유에서 조성되었다. 파렌탈리아제祭(망자의 날이라는 멕시코 전통 축제와 비슷하다) 등의 행사가 열리는 날이면 가족이 묘지에 모여 연회를 열어 식탁처럼 준비된 평평한 석관 위에 차려 놓은 음식도 먹고 이야기꽃을 피우며 저녁을 보내곤 했다. 발굴 팀은 처음 세워진 무덤을 'A'로 시작해서 차례대로 알파벳 글자를 붙여 무덤을 표시했다. 대개는 가문별로 무덤이 따로 있었지만, 몇몇 가문이 공동으로 사용하고 소유하는 콘도미니엄과 흡사한 무덤도 있었다.

발굴 책임을 맡은 과르두치는 무덤을 조사하고 깊이 연구하기 위하여, 조셀린 토인비와 영국 및 독일의 저명한 고고학자를 비롯해 당대 최고의 전문가를 초빙했다. 초기의 비밀 유지는 사라졌고, 무덤을 연구하기 위한 대규모의 국제적인 노력이 이어졌다.

네크로폴리스는 떠날 줄 모르는 어떤 비극으로 차 있는 듯했다. 한때 위대한 시절을 구가하던 영원의 도시가 내려다보이는 언덕에 높이 세워졌던 장엄한 구조물들이 이제는 오랫동안 방치된 채 지하 15~60피트(약 4~18미터) 아래에 누워 있었다. 로마 제국 자체는 오래전에 사라졌지만, 무덤 속 예술품과 조각상은 여전히 살아 숨 쉬고 있었다. 전차 문양의 명문가 무덤은 고대의 전차 기수와 전차를 묘사한 웅장한 모자이크 바닥이 특징이다. 율리우스 가문의 무덤은 이교와 기독교의 벽화를 하나로 합쳐 놓고, 요나와 선한 목자와 이교도의 태양신 헬리오스로 묘사된 예수를 뒤섞어 정신분열을 일으킬 정도로 혼란스럽다. 해방된 노예들을 위해 만들어진 소위 무덤 'F'는 목가적 풍경에서 영원토록 헤엄을 치는 백조들부터 푸른 꽃이 만개한 나뭇가지 모양의 촛대, 초기의 독특한 트롱프뢰유trompe-l'oeil(실물인 줄 착각하도록 만든 그림 혹은 디자인.─옮긴이) 가면까지 화사하고 선명한 색의 벽화로 이루어진 놀라운 만화경이다. 또 다른 벽화에는 비너스가 반신 반어의 해신 트리톤이 가져온 홍합 껍데기에 비스듬히 기댄 채 피렌체에 있는 티치아노의 〈우르비노의 비너스〉를 예고하고, 근처에선 여러 사냥꾼이 하염없이 사자들을 뒤쫓는 모습이 담겨 있다. 그야말로 묘지 벽화 중 상당수가 르네상스 시대의 주제를 앞서 보여 주고 있어, 우리는 루브르에서 우피치에 이르는 수많은 박물관에서 그들의 후손을 발견할 수 있다. 그리고 특히 무덤 두 곳이 하나는 행복한 이야기를, 하나는 슬픈 이야기를 전해 준다.

마르치우스 가문의 무덤

노예 출신으로 부유하고 쾌활해 보이는 퀸투스 마르치우스 헤르메스라는 사람의 거대한 무덤이 있다. 이 마르치우스 가문은 비록 출발은 미천했지만 로마에서 크게 번창했다. 그들의 화려한 무덤은 네클로폴리스에서 세 번째로 크고, 남쪽을 향하고 있어서 콘스탄티누스 황제의 대성당 밑에 매장되기 전에는 그곳에서 도로가 내려다보이기도 했다. 붉은 갈색 벽돌로 이루어진 무덤 외관이 마르치우스 가문의 부를 보란 듯이 과시했지만, 가문의 역사를 솔직히 드러내는 것은 무덤 내부다.

푸른 하늘과 오리와 연어, 흰색 플라밍고가 춤추는 강, 돌고래와 신화 속 해마, 물개가 뛰노는 바다로 이루어진 웅장한 장면 외에도, 무덤에는 현대 극장에 걸릴 법한 영화 포스터를 빼닮은 장면이 수두룩하다.

마르치우스 가문은 그들 최후의 안식처를 장식하기 위하여 에우리피데스의 범상치 않은 장면 2개를 채택했다. 에우리피데스는 고대 그리스의 스티븐 스필버그라고 불릴 만한 인물이었다. 그는 약 92편의 희곡을 썼으며, 그중 18편가량이 지금까지 남아 있는데 등장인물을 의인화하는 솜씨가 빼어나 오늘날의 관객조차 그런 등장인물을 사람으로 여길 정도이다. 무덤에는 에우리피데스의 비극 『바카이』에서 펜테우스 왕이 신들 때문에 미쳐 버린 제 어머니의 칼에 찔려 죽는 모습을 묘사한 장면이 있다. 에우리피데스의 비극 『알케스티스』에서 영웅 헤라클레스가 알케스티스 공주를 깊고 깊은 하데스에서 구해, 남편이 있는 이승으로 돌려보낸다는 내용을 묘사한 장면도 있다. 마르치우스 가문이 그렇게 운이 좋았는지에 대한 기록은 없지만, 무덤치고는 희망찬 장면인 것만은 분명하다. 에우리피데스의 희곡 장면 외에도, 로마를 건국한 인물들의 어머니를 그린 그림과 레다와 백조의 전설을 그린 벽화도 있다.

묘지는 놀라울 정도로 쾌적하고, 중앙에는 퀸투스와 그의 아내 마르치아의 석관이 있으며, 부부가 영원토록 서로 사랑했다는 명문을 새겨 넣은 그들의 초상화도 있다.

발레리우스 가문의 무덤

네크로폴리스에서 발레리우스 가문의 무덤보다 더 슬픈 장소는 없다. 발레리우스 가문의 무덤은 팍스 로마나와 로마의 권력이 정점에 달한 160년경에 세워진 무덤 중에서 규모가 가장 크다. 무덤은 (대양의 신 오케아노스와 목신牧神 판 같은) 신이나 철학자의 형상으로 거대하고 화려하게 치장되어 있다. 자부심이 강하고 턱수염을 기른 가문의 시조 가이우스 발레리우스 헤르메스의 멋진 흉상이 무덤을 내려다보고 있다. 근처에는 손으로 턱을 받치고 생각에 잠긴 듯 영겁의 세월을 응시하고 있는 그의 아내 플라비아의 흉상도 있다. 마찬가지로, 딸의 초상화와 그의 네 살배기 손자 가이우스가 결코 오지 않을 미래를 희망차게 기대하며 유쾌한 표정을 짓고 있는 흉상도 있다.

이 슬픈 장소 안에 있는 명문은 가이우스의 딸과 손자와 아내가 모두 그보다 먼저 죽는 바람에 그가 가족을 모두 잃고 말았다는 점을 분명히 밝힌다. 마지막으로, 무덤에는 임종 순간 만들어진 2개의 데스마스크도 있다. 첫 번째는 더 이상 흉상처럼 포동포동하고 유쾌한 어린아이가 아닌, 질병으로 일그러진 얼굴로 두 눈을 영원히 감은 어린 가이우스의 데스마스크다. 두 번째는 야위고 슬프고 지치고 주름지고 세파에 시달린 가이우스 자신의 데스마스크다.

미술과 조각의 걸작인 이 무덤들은 일반적으로 베드로의 무덤과 더 가까이 있는 초기 기독교인의 몹시 단순하고 소박한 무덤들과 극명하게 대비된다. 이는 무덤을 그저 중간 역으로 인식했던 초기 기독교인과 자신이 살아 있는 사람의 기억 속에서만 살아 있으리라 믿고 그에 적합한 종착역을 소망했던 로마인의 견해 차이를 반영한다. 기독교인이나 이교도나 한때는 영원의 로마를 굽어보는 언덕에 있던 그들의 마지막 안식처가 지금은 거대한 기독교 대성당 지하 15~60피트 아래 묻혀 있다는 사실을 알게 된다면 분명 놀라움을 금치 못할 것이다.

과르두치의 천재성은 그야말로 아득히 먼 옛날의 희망과 꿈만이 아니라 역사로도 가득한 네크로폴리스 무덤을 알아보고 보존하고 낱낱이 기록하고, 토인비 같은 전문가에게 개방한 동력이기도 했다. 그러나 그녀의 어떤 능력도 바오로 6세가 사망한 후 그녀를 구해 주지는 못했다.

19
홀로 남은 과르두치: 새로운 시작

1978년

영국 시인 테니슨의 시 「율리시스」에서 백성의 사랑을 받지
못한 고령의 모험가는 그의 나이 든 선원들을 불러 모아 그들
생애의 마지막 항해를 떠나려 한다.

> 죽음은 모든 것을 닫아 버리는구나. 그러나 종말이
> 다가오기 전에
> 무엇인가 고상한 업적을, 이룰 수 있으리라.
> ......
> 비록 많은 것을 잃었지만, 아직 남은 것도 많도다.
> 그리고 이제는 비록 지난날 하늘과 땅을 움직였던
> 그런 힘을 갖고 있지는 못하지만, 지금 우리는 우
> 리로다.

한결같이 변함없는 영웅적 기백,

세월과 운명에 쇠약해졌지만, 의지는 강하므로

분투하고 추구하고 발견하고 결코 굴하지 않으리니.

조지 스트레이크가 죽은 지 거의 정확히 9년이 되었을 때, 그의 위대한 벗 교황 바오로 6세가 로마 밖에서 선종했다. 캐럴, 맥기오, 카스, 스트레이크, 과르두치와의 공조를 떠올리던 바오로 6세에게 마지막으로 단 한 가지 바람이 있었다. 교황은 성 베드로가 매장된 위치와 형태를 본떠 베드로의 유골이 발견된 장소 근처에 무덤이나 기념비 없이 흙 속에 바로 묻히길 소망했다. 그리하여 교황은 그래피티 윌로부터 약간 떨어진 곳에서 루트비히 카스와 함께하게 됐다.

바오로 6세의 보호막이 없어진 과르두치는 이제 페루아의 세력과 바티칸 관료 체제의 영향력을 몸소 체감하게 되었다. 퉁명스럽고 수완 없으며, 뛰어난 과학자지만 정치에는 젬병인 과르두치는 손쉬운 사냥감이었다. 페루아는 26년간의 굴욕에 가혹하고 무자비한 복수를 감행할 생각뿐이었다.

그런 생각과 거의 동시에 페루아는 과르두치를 해고하고 네크로폴리스나 그래피티 윌의 작업에서 배제하는 것은 물론, 그곳을 방문하는 일도 허락하지 않았다. 곧이어 베드로의 유골로 확인된 뼈는 일반 관람에서 조용히 제외되었다. 과르두치와 유골은 바티칸에서 새롭게 발간하는 모든 출판물에서 사라졌다. 바티칸 안내 책자에서는 유골이나 과르두치를 언급도 하지 않았다. 사실상 페루아와 바티칸 유물 담당관들은 과르두치의 발견에 대한 바오로 6세의 인증을 '조용히' 파기해 버렸다. 바티칸의 일에 더는 관여하지 못하도록 과르두치를 잔인하고 거의 확실하게 제거한 것은 메디치 가문에서나 볼 수 있는 능숙한 관료적 솜씨였다. 과르두치나 여타 고고학자가 그녀의 발견에 대한 글이라도 쓰면 페루아가 앞장서서 묵살하거나 조롱하곤 했다. 그러나 고령의 과르두치가 지닌 뛰어난 이력의 이 분명한 끝은 사실 새로운 시작에 불과했다. 그녀는 분투하고 추구하고 발견하고 결코 굴하지 않았다.

25년에 걸친 과르두치의 작업은 이렇게 거부당했고, 이는 보통 사람이라면 그냥 무너지고 말았을 것이다. 과르두치는 76세에 해고당하고 자신이 20년 이상 혼신을 다해 일궈온 작업에 범죄자처럼 접근조차 못 하게 되었다. 그녀의 작업은 무지하고도 독실한 여성의 상상에서 비롯된 횡설수설이나 마찬가지라는 비난을 받았다. 그런 비난은 교회 외부가 아니라 그녀가 그렇게도 깊이 사랑한 교회의 내부 인사로부터 날아왔다. 그녀가 바티칸 내부 인사에게 받은 깊은 슬픔과 상처를 공개적으로 꺼내기까지는 12년이란 세월이 흘러야 했다. 그러나 과르두치는 76세의 나이에도 꺾이거나 굴하지 않았다. 페루아는 여성이 한번 결심하면 그 힘이 얼마나 대단한지 이해하지 못한 듯했다. 실제로 과르두치는 제2의 애니 테일러(최초로 나무통을 타고 나이아가라 폭포를 건넌 미국의 교사.—옮긴이)이자 이탈리아판 몰리 브라운(미국의 사교계 명사이자 활동

가로. 1912년 타이태닉호 침몰시 생존자 수색을 위해 구명보트를 되돌린 여성 생존자의 대표적 인물. — 옮긴이)으로 평가될 인물이었다. 과르두치에게 끝이란 그저 새로운 시작이었다. 그녀는 로마의 라사피엔차대학교에서 금석학과 고고학을 계속 가르치면서 자신이 발견한 내용을 옹호하는 논문이나 책을 거듭 발표하거나 발표하도록 힘을 보탰다. 그럴 때마다 페루아나 그를 대리한 인물이 그녀를 야만스레 공격하는 비평을 내놓았다.

페루아의 승인을 받았을 듯한 바티칸 내부 인사가 바티칸 도서관의 비밀 서고에 J. J. 베니테츠 기자가 접근할 수 있도록 허용하여 페루아의 보고서「I-XVII and OSSA-U-GRAF」를 암암리에 유출했다. 그들은 베니테츠가 보고서를 복사하도록 허용하지는 않았지만, 메모는 허락했다. 그 메모에 따르면, 페루아 보고서의 주장은 다음과 같았다. "교황의 정보에 …… 진지하게 주목하는 과학자는 한 명도 없었으며, 사도는 아무 데나 매장되었을 수도 있다. 죄인을 다루는 로마법에 따라 테베레강에 던져졌을 수도 있고, 어느 공동묘지에 묻혔을 수도 있기 때문이다." 보고서는 한 걸음 더 나아가 비오 12세가 카밀레 잔파라의 기밀 누설에 이어 1949년도에 베드로의 유골을 발견했다고 공식 발표한 것은 교황이 자문관의 말에 "귀를 기울이지 않았기" 때문이라고 주장했다. 페루아의 보고서는 과르두치가 발견한 뼈가 베드로의 유골이라고 증명할 "어떤 과학적 증거"도 존재하지 않는다고 주장했다. 그는 바오로 6세도 그의 자문관의 말에 "귀를 기울이지 않았다"라고 했다. 이 중에 과르두치의 활동이나 결의에 조금이라도 영향을 미친 주장은 하나도 없었다.

과르두치에게는 1982년에 출간된 존 이밴절리스트 월시의 『성 베드로의 유골The Bones of Satint Peter』 등 그녀의 발견을 옹호하는 책이 배후 동력으로 남아 있었다. 그러나 바티칸 내부에서 페루아의 권력은 그녀의 활동을 압도하고도 남았다. 과르두치가 네크로폴리스에서 완전히 배제된 채 바티칸에서 변변치 않은 인물로 지내는 사이, 그 뼈들은 어두침침한 창고에 방치되어 있었다. 페루아는 주기적으로 공격을 이끌거나 공격의 실마리를 제공함으로써 그의 지지자나 세속주의자가 그 뼈를 모든 전문가가 조롱할 만한 교회 주도하의 사기극이라고 주장하게 만들었다. 그런 주장을 실은 논문은 가령 그래피티 월의 뼈들과 함께 동물 뼈도 발견되었다는 사실을 지목해 조롱하거나, 불신을 샀던 페루아의 뼈와 과르두치가 그래피티 월에서 발견한 뼈를 헷갈리는 등 잘못된 사실에 근거했다.

한편, 의미 있는 새로운 증거 한 가지가 관계없을 것 같은 학문, 즉 건축학에서 등장했다. 로마인은 종종 역사상 가장 위대한 공학 기술자라고 불린다. 콘스탄티누스 황제의 공학 기술자들이 옛 성 베드로 대성당과 가이우스의 트로피를 에워싼 대리석실을 만들면서, 그래피티 월의 건축학적 혹은 공학적 쓸모는 사라졌다. 따라서 그래피티 월을 그냥 없애 버릴 수도 있었다. 그러나 로마인은 콘스탄티누스의 기념물 안에 그래피티 월을 넣어 그대로 남겨 두기로 했다. 이런 기이한 결정으로 로마의 전형적인 대칭형 구조물이 되었을 작품에 이해할 수 없고 미쳤다고 할 만한 불완전성이 가미되었다. 그래피티 월을 외견상 공학적 이유가 전혀 없는 장소에 그냥 남겨 두려면 콘스탄티누스의 건축 기사들이 그 대리석실을 그래피티 월의 폭인 18인치(약 45센티미터)만큼 '중앙에서 벗어나게' 옮겨야 했다. 수백 년 동안, 설명할 도리 없는 이 불완전성은 어떤 그럴듯한 설명으로도 언급된 적이 없었다. 4세기 공학 기술자들이 그래피티 월 안에 뭔가 아주 중요한 것이 들어 있음을 알았다는 것만이 유일하게 가능한 설명이었다.

1990년 ― 과르두치의 명성이 높아지다

이념에 따른 유럽의 거대 독재 시대가 이탈리아에서는 점차 페데리코 펠리니와 구찌, 발렌티노, 펜디, 프라다의 시대로 변모했다. 새로운 물질주의 시대가 냉혹하게 드러나는 가운데, 패션업체 펜디는 무솔리니가 로마에 남긴 걸작인 파시스트 건축을 손에 넣어 그들의 본사로 탈바꿈시켰다. 총통의 속간과 초상화 대신 핸드백과 구두가 내걸렸다. 교회는 텅 비어 가고, 깊고 회의적이고 세속적인 물질주의가 유럽 전역으로 퍼져 나가면서, 과르두치도 다른 시대에서 온 고대 유물처럼 살아 있는 역사가 되었다. 바티칸 작업에서 배제된 과르두치는 페루아나 그의 총애를 받는 인물이 통제하지 않는 장소나 현장으로 자리를 옮겼으며, 그곳에서 그녀의 천재성을 뚜렷하게 드러냈다. 과르두치는 고대 유물에서 진품과 위조품을 검증하기도 했다. 무엇보다 과르두치는 소위 팔레스트리나 브로치Praeneste Fibula(초기 라틴어 명문이 새겨져 있다는 황금 브로치)를 가짜로 판명하는 일에 깊이 관여했다. 이 일은 현재도 상당한 논쟁거리로 남아 있다.

검은 성모의 유래

게다가 과르두치는 가장 오래된 성모 마리아의 상으로 알려진 작품과 관련한 두 가지 거대한 수수께끼를 동시에 해결했다. 첫 번째 수수께끼는 역사적으로 〈호데게트리아 성모 Madonna Hodegetria〉라고 알려진 성화로 연대는 438년 이전이다. 이 전설의 성화는 콘스탄티노폴리스에서 1,000년 이상 자리를 지켰다. 이 성모와 아기 예수의 성화는 적어도 5세기 이후, 동로마 제국의 정교회인 콘스탄티노폴리스의 하기아 소피아 대성당에서 신도의 추앙을 받았다. 지진으로 두 차례나 재건축된 이 거대한 성당은 마침내 537년에 완공되어 1,000년 가까이 동로마 제국과 그리스 정교회의 중심 역할을 했다. 1453년에 오스만 제국이 콘스탄티노폴리스를 정복하자 하기아 소피아 대성당을 포함한 도시 전체가 사흘에 걸친 약탈과 노략질에 시달렸다. 이때 기독교가 막 등장하기 시작한 시대까지 거슬러 올라가는 수많은 유물과 함께 〈호데게트리아 성모〉도 사라지고 말았다(약탈당하거나 파괴되었을 것이다). 이 성화가 남은 곳이라고는 그리스인에게 이 성화를 설명하고 이 작품이 지닌 중요한 의미를 전달하는 고대 필사본밖엔 없었다. 사람들은 500년 동안 복제한 사본 하나 없이 성화가 영원히 사라졌다고 믿었다.

겉으로 보기엔 무관할 것 같던 두 번째 수수께끼는 이제 폴란드의 상징으로 알려진 소위 〈검은 성모〉와 관련이 있다. 폴란드 쳉스토호바의 야스나 고라 수도원에 보관되어 있는 이 성화(〈쳉스토호바의 검은 성모〉로도 알려짐)는 성모 마리아가 어린 예수를 안고 있는 작품인데, 두 사람 다 피부가 검다. 아마도 폴란드에서 최고로 떠받드는 작품일 이 성화는 1300년대의 타타르와 1655년 스웨덴 등과 벌인 전쟁에서 폴란드가 수차례 승리를 거두도록 혼을 불어넣어 주었다. 1920년에는 소련 공산당에 대항해 바르샤바를 수호하도록 용기를 북돋웠다. 최초의 폴란드 출신 교황인 요한 바오로 2세는 〈검은 성모〉 앞에서 자신의 삶을 사제직에 바치겠다고 처음으로 맹세했다. 〈검은 성모〉는 일평생 그의 특별한 숭배 대상으로 남았다. 〈검은 성모〉가 있는 야스나 고라 수도원은 폴란드에서 바오로 2세가 교황으로서 찾은 주요 방문지였다. 교황 베네딕토 16세와 교황 프란치스코도 폴란드에 가면 주요 방문지로 이 수도원을 찾았다. 그런데 이 성화는 어디서 언제 나타난 것일까? 누가 어떻게 만든 작품일까? 그 출처를 두고 억측이 난무했지만, 진실은 역사에서 사라진 듯했다. 마르게리타 과르두치가 개입하기 전까지는.

과르두치(당시 80대 중반)는 캄파니아 지방 약 400피트(약 122미터) 위에 자리한 몬테베르지네라는 한 성지에서 〈몬테베르지네의 성모〉라는 고대 성화를 발견했다. 이 역시 검은 성화로 사실상 폴란드의 검은 성모를 완벽하게 본뜬 복제품이었다. 수많은 교회, 섬, 고대의 언덕에 위치한 수도원 등을 전전하며 광범위한 연구를 진행한 끝에 과르두치는 몬테베르지네 성화가 그리스 황제의 선물로 7세기에 로마로 건너온 작품임을 입증했다. 몬테베르지네 성화는 콘스탄티노폴리스 하기아 소피아 대성당의 고대 그리스 성모를 거울에 비춘 듯이 정확하게 반대로 복제한 작품이었다. 과르두치는 폴란드의 검은 성모가 7세기 몬테베르지네 성화와 같은 그림이며, 따라서 두 작품의 유래가 콘스탄티노폴리스의 초기 그리스의 성모라는 점을 입증할 수 있었다. 과르두치는 이렇게 가장 오래됐다고 알려진 성모 마리아 작품과 폴란드의 국가적 상징의 기원에 얽힌 역사를 재발견했다. 천재적 능력과 믿기 힘든 노력으로 이런저런 성과를 거둔 결과, 과르두치는 이탈리아 고고학계의 권위자로 칭송되며 살아 있는 전설로서 수많은 제자의 사랑을 듬뿍 받았다. 페루아는 여전히 네크로폴리스를 강력하게 장악하고 있었고 교황청은 더 절박한 사안에 관심을 쏟고 있었다. 그래도 여론과 과학계는 서서히 그녀 쪽으로 기울고 있었다.

두 조각상 이야기

골동품 전문가들은 오랫동안 바티칸 도서관 입구의 성 히폴리투스 조각상이 가장 오래된 기독교 조각상이라고 생각했다. 과르두치는 이 조각상의 연대가 1500년경인 르네상스 시대에 불과하다는 것을 입증했다. 대신 바티칸 성당 중앙부 신도석에 자리한 거대하고 웅장한 베드로 청동상이 가장 오래된 것으로 알려진 기독교 조각상(서로마 제국이 멸망하기 이전인 5세기에 서로마 황제의 능묘에 쓰려고 주조 방식으로 만들어진 조각상)임을 입증하는 증거를 상당량 찾아냈다. 80대 후반의 고령임에도 과르두치는 기독교 고고학을 둘러싼 거대 수수께끼 일부를 보기 드문 집중력과 열정으로 쉬지 않고 해결해 나갔다.

밀라노

과르두치의 천재성과 진실에 대한 뜨거운 열정이 그녀를 아무 상관도 없는 고대의 수수께끼와 머나먼 장소로 이끌기는 했지만, 그녀는 늘 제자리로 돌아와 바티칸 대성당 지하에서 자신이 발견한 것이 진실임을 주장했다. 그 무엇도 과르두치가 베드로의 유해를 찾았다고 믿은 바오로 6세가 옳았다는 그녀의 견고한 확신을 꺾을 수 없었다. 과르두치와 페루아의 대전투는 1990년 밀라노에서 절정에 달했다. 바오로 6세가 그녀의 위대한 발견이 확실하다고 발표한 지 20년, 그녀가 발굴 작업에서 퇴출당한 지 12년 만이었다.

밀라노대학교에서 생방송 심포지엄에 참석해 달라며 88세의 과르두치를 초청했다. 살아생전 마지막 심포지엄이었다. 그녀는 이탈리아에서 가장 유명한 골동품 전문가이자 텔레비전 출연 명사이며 소더비의 골동품 전문가이면서 위조품을 밝혀내는 또 다른 위대한 탐정 페데리코 체리와 인터뷰를 했다. 시력을 거의 잃은 과르두치는 여동생 손에 이끌려 무대로 올라갔다. 그녀는 가득 들어찬 청중과 텔레비전 카메라 앞에서 자신이 평생 매진해 온 작업을 열정적으로 옹호했다. 진실이 자신의 신앙에 부합하든 하지 않든 진실이 이끄는 대로 평생을 살았다며 열변을 토했다. 그녀는 진실을 추구한 비오 12세와 바오로 6세의 용기를 칭송하고, 바티칸 내부자들이 지금도 진실을 억압하려 한다며 그들을 비난했다.

뒤이어 체리의 말이 이어졌다. 그는 자신이 기독교 신자는 아니지만, 지난 50년 동안 과르두치가 바티칸에서 일하기 전이나 후에나 그녀의 작업을 지켜봤다며 조용히 말을 꺼냈다. 체리는 과르두치를 진실을 추구하는 다이아몬드 비트 같은 여성이라고 표현했다. 그는 그녀의 작업이 견고하고도 과학적이라는 점을 알고 있었다. 자신에게 반대하는 인물들과 달리, 과르두치는 의뢰인이나 이념이 아닌 오직 진실만을 추구했다. 체리는 그녀가 실제로 베드로를 발견했다는 과학적 증거에 따라 자신의 소신을 피력했다고 밝혔다. 청중이 환호하며 일어섰다.

마르게리타 과르두치는 보이지 않는 눈 때문에 여동생 손에 이끌려 교실에 들어서야 했지만, 아흔이 훌쩍 넘어서도 강의를 계속했다. 그녀는 그 옛날 1920년대 크레타섬에서 발굴 작업을 하면서 발견한 고대 그리스 명문과 문장을 암송하곤 했다. 베드로의 유해 발굴 작업 당시 발견한 기독교 명문도 상당수 암송했다. 과르두치는 40~60년 전 명문을 마치 처음 접한 순간이 떠오르는 듯 곧잘 두 손으로 명문의 형태를 그리기도 했다. 비록 앞이 보이지는 않았지만, 오래전 명문을 발견했을 때처럼 마음의 눈으로 다시 명문을 보았다. 과르두치는 1995년 아흔셋의 나이에 바티칸 대성당 지하에서 자신이 발견한 것을 옹호하는 마지막 논문을 발표했다. 이제는 고령에 백발이 성성했지만, 그녀의 마지막 사진들 속에는 예전처럼 즐거운 듯 고고하게 희미한 미소를 짓고 예전처럼 진주 목걸이를 건 모습이 담겨 있다. 어두침침한 크레타섬과 바티칸 대성당에서 몇 년씩 작업하다 결국 시력을 잃은 과르두치는 로마에 있는 자신의 아파트에서 여동생과 함께 지냈다. 그녀는 새로운 천 년이 시작되는 순간은 보지 못했다. 과르두치는 1999년 9월 2일에 사망했고, 그 뒤 로마의 한 공동묘지에 안장되었다. 페루아가 찾은 뼈의 진상을 폭로하고, 그래피티 월의 뼈가 진짜임을 확인해 주었던 인류학자 코렌티 박사로부터 멀지 않은 곳이었다.

바티칸에서는 과르두치의 사망에 대해 어떤 공식 논평도 내놓지 않았다.

20
사도의 귀환

페루아의 승리는 완벽하고 영원한 것처럼 보였다. 발굴 작업을 직접적으로 알고 있던 비오 12세, 바오로 6세, 캐럴, 맥기오, 카스, 스트레이크, 코렌티는 모두 사망했다. 페루아만이 남았고, 바티칸 유물 관련 문제를 다루는 최고위직도 그가 차지했다. 과학적인 증거와 과르두치 자신의 발견에 대한 그녀의 집요하면서도 설득력 있는 주장과 바오로 6세의 인정에도 불구하고, 그래피티 월의 뼈들은 교황의 예배실 창고에 방치되어 있었다. 바티칸 안내 책자에도 그 뼈에 관한 내용은 없었다.

요한 바오로 2세는 4세기 만의 첫 비非이탈리아 출신 교황이었다. 비오 12세나 바오로 6세와 달리, 요한 바오로 2세는 바티칸 내부 인물이 아니었다. 동유럽의 공산주의와 서유럽의 세속주의와 벌이는 투쟁에 전념하던 터라, 비오 12세와 바오로 6세처럼 고고학에 깊은 관심을 두지 않았다. 요한 바오로가 전 세계인에게 깊은 영감을 주고 오랫동안 기억에 남을 인물임에는 틀림없지만, 바티칸의 건축물 자체의 역사나 운용에 그가 큰 관심을 가졌다는 증거는 없다. 페루아는 바티칸 유물의 총책임자로서 모든 카드를 손에 쥐고 있었고, 달리 경쟁할 인물도 없었다. 그래피티 월의 유골은 또다시 완전히 잊혔다.

2003년 페루아가 사망하자 그의 유지에 따라 시신은 바티칸 지하 네크로폴리스에 명예롭게 안치되었다. 63년 전 그의 발굴 작업이 시작되었던 장소 바로 근처였다. 수백 구의 고대 로마인 유골만이 아니라 교황과 황족으로 둘러싸인 네크로폴리스에 안치된 사제는 페루아와 루트비히 카스, 두 사람뿐인 듯하다. 페루아는 특히 비종교계 언론의 수많은 기사에서 교회가 쥐 같은 동물 뼈를 성 베드로의 유골로 제시하여 비웃음을 사지 않도록 막은 영웅으로 높은 평가를 받았다. 나아가 베드로의 존재에 이의를 제기하거나 그가 로마를 방문한 적이나 있었느냐는 의구심을 표한 기사도 있었다. 페루아가 사망한 당시, 몇몇 기사는 과르두치와 그녀의 발견을 다시한 번 악의적으로 조롱했다.

페루아의 사망 이후 시간이 흐르면서 과르두치의 업적을 무시하고 그녀를 언급조차 하지 않던 바티칸에서 그녀의 작업이 아직 논란의 여지가 많은 사안이라며, 그녀의 작업에 관한 언급들을 출판물에 싣기 시작했다. 미미하기는 했지만, 그래도 존재 자체를 무시하던 것보다는 한층 개선된 평가였다.

2009년 6월

교황 베네딕토 16세가 선출됨에 따라 베드로와 바오로가 로마에서 네로에게 처형당한 뒤 묻힌 무덤의 원래 위치에 대한 진지한 연구가 재개되었다. 2009년 6월 28일, 교황 베네딕토는 포트 로드에 있던 바오로의 묘지가 로마 성벽 밖 오스티아 (그가 참수된 장소)로 옮겨진 것이 사실임을 확인했다. 바오로의 무덤에 있는 유골을 탄소 연대 측정법으로 검증한 결과 1세기 뼈임이 밝혀지면서 그 뼈가 바오로의 진짜 유골임이 확인됐다. 다음은 베드로 차례였다.

2013년 3월

페루아와 과르두치 두 사람 모두 세상을 떴지만, 그들에겐 제각기 열정적으로 그들을 지지하는 옹호자가 남아 있었다. 2013년 3월, 베네딕토 16세의 은퇴에 이어 호르헤 베르고글리오가 성 프란치스코의 이름을 딴 교황에 선출되었다. 교황에 선출된 지 얼마 지나지 않아 프란치스코 교황은 네크로폴리스의 그래피티 월에서 베드로 무덤으로 추정되는 자리에 무릎을 꿇고 기도를 올렸다. 그런 다음 페루아, 과르두치, 코렌티, 그리고 여전히 활동 중인 전문가들이 수집한 증거를 빠

2013년 11월 24일, 성 베드로 광장에서 열린 미사에서
사도 베드로의 유해를 안고 있는 프란치스코 교황.
제공: Stefano Rellandini(Reuters)

짐없이 꼼꼼하게 검토해 나갔다. 증거의 상당 부분은 50년 전이나 그보다 훨씬 이전의 것이었다. 검토 작업은 전임 교황인 베네딕토 16세 때부터 착수했던 것 같다. 이 검토 작업이 끝난 이후, 2013년 11월 24일 신앙의 해를 마감하며 성 베드로 광장에서 열린 교황 집전 미사에서, 프란치스코 교황은 그래피티 월의 유골을 공개했다. 교황은 상자에 담긴 유골을 꼭 끌어안고 운집한 군중과 전 세계에 이 뼈들이 진실로 베드로의 유해임을 선언했다. 며칠 후인 2013년 12월 5일, 프란치스코 교황은 그 뼈들을 70년여 전 발견됐던 그래피티 월의 틈새로 되돌려 놓고 공개 전시하는 공식 행사를 열었다. 교황은 가톨릭교회의 전권으로 그 뼈가 베드로의 유골임을 또다시 인정했다. 프란치스코 교황은 베드로가 바티칸 언덕에 매장되었음을, 그러니까 베드로가 로마에 있었고 그곳에서 순교했음을 단언한 세 번째 교황이 되었다.

유골은 현재 바티칸 광장의 일반 출입구를 통해 드나들 수 있는 바티칸 대성당 지하 그래피티 월에서 공개 전시되고 있다. 가톨릭교회 관점에서 사도 베드로의 유골은 베드로가 예수에 대한 자신의 믿음을 지키려고 생명까지 포기한 현장 근처의 본래 자리로 돌아간 것이었다.

21
대박해 시기와 헬레나

누가 베드로의 유골을 가이우스의 트로피 아래 안식처에서
1942년까지 자리했던 그래피티 월의 틈새로 옮겼을까? 어떻
게 옮겼을까? 언제 옮겼을까? 연대 문제를 법의학 증거로 따
져 보면, 베드로의 유골은 150년 이전에 가이우스의 트로피
가 축조된 시점부터 250년에서 337년 사이의 어떤 시점까지
(과르두치의 추정 연대처럼) 가이우스의 트로피 밑이나 근처
에 매장되어 있던 게 분명하다. 과르두치는 성 베드로 대성당
건축 시기에 베드로의 유골이 콘스탄티누스 황제의 작업자들
손에 그래피티 월의 대리석 틈새로 옮겨졌을 가능성이 가장
크다고 생각했다. 특히 유골을 감쌌던 그 자주색과 금색 천
(황족만 사용하던 천)을 감안하면 유골을 보호하려는 의도였
을 것이다.

(대성당 건축 시기에 훼손을 우려해 유골을 옮겼다는) 과

르두치의 추정도 옳을 수 있지만, 250년부터 337년까지의 역사를 고려해 보면, 핍박에서 보호하려고 유골을 옮겼을 가능성이 훨씬 컸다. 당시는 로마의 발레리아누스 황제와 디오클레티아누스 황제 치하에서 기독교인이 참혹하게 핍박당하던 시기였다. 디오클레티아누스 황제의 대대적인 기독교인 학살을 보통 '대박해'라고 일컫는다. 이 시기 이전에는 로마인이 죄인이나 적군이나 기독교인의 무덤이라도 훼손하는 일은 생각할 수도 없는 죄악이었다. 그러나 발레리아누스 황제와 디오클레티아누스 황제의 칙령으로 기독교인의 무덤은 그런 대상에서 제외되었다. 두 황제는 기독교인의 무덤을 모독함으로써 망자와 전쟁을 벌였는데, 참으로 아이러니한 일은 그들의 무덤도 훗날 야만족에게 똑같은 방식으로 파괴당했다는 점이다. 이런 위험에도 불구하고, 이름도 없는 용감한 기독교인이 이 박해 기간에 베드로의 유해를 그래피티 월 틈새로 옮겨 놓고 "베드로가 여기 있다"라는 비밀 명문을 남겨 두었을 가능성이 높아 보인다. 이것이 베드로의 유골이 옮겨지게 된 사연에 관한 그럴 듯한 하나의 가설이다.

이 무렵 기독교는 더는 작은 이교 집단이 아니었다. 설명하기 어려운 일이지만 기독교인은 로마의 10대 박해도 견디고 살아남았다. 로마인은 로마의 죄인으로 낙인찍혀 처형당하는 기독교인의 신앙을 여전히 로마의 디그니타스 자체에 대한 직접적인 공격으로 여겼다. 기독교인에게 가하는 로마의 박해는 철저하고 체계적이며 잔인했다. 그러나 로마의

200년 이상 지속된 핍박의 결과로, 작은 이교 집단은 인구의 약 5퍼센트인 신도 약 500만, 어쩌면 그 이상을 거느린 주요 지하 종교로 성장했다.

콘스탄티누스 황제가 집권한 무렵에는 기독교인이 로마 제국의 중요한 소수 집단으로 자리 잡았다. 콘스탄티누스 황제 이전에도 로마 황실은 기독교 신도로 가득했다. 예컨대, 디오클레티아누스 황제는 기독교인을 제거하기 위하여 모든 군사에게 황제를 숭배하라는 명을 내렸다. 황제의 궁사들은 명을 거부한 그의 호위병 세바스티안에게 화살을 퍼부은 뒤 당연히 죽었으리라 믿고 그를 버려 둔 채 자리를 떴다. 그러나 기독교인 덕에 목숨을 구한 세바스티안은 달아나지 않고 디오클레티아누스 황제를 찾아가 그의 잔인을 공개적으로 비난하다 끝내 죽임을 당했다. 전승에 따르면 디오클레티아누스 황제 재위 당시, 교회의 수장인 카이오 교황은 황제의 친척이었지만, 그런 관계도 그를 구해내지는 못했다. 쫓겨 다니던 카이오 교황이 로마의 지하 묘지에서 붙잡혀 그의 어린 조카 수산나와 함께 참혹하게 처형당했다는 입증되지 않은 전설도 있다.

그리고 디오클레티아누스 황제 치세 때 최고위층이었으며, 대단히 용감하고 다부졌던 한 여성이 마침내 기독교인으로 개종해 그녀의 신앙심으로 로마 제국의 행보를 영원히 바꿔 놓는다. 장래 콘스탄티누스 황제의 어머니가 되는 헬레나는 아들의 신앙심을 독려하여, 결국 옛 성 베드로 성당을 건축하는 길로 나아가게 하는 책무를 맡는다. 여인숙 집 딸로 태어난 헬레나는 빼어난 미모의 소유자로서 272년경 콘스탄티우스라는 젊은 로마 장교와 결혼했다. 그는 마음이 통한다는 의미에서 헬레나를 소울메이트라고 불렀고, 헬레나는 아들 콘스탄티누스를 출산했다. 그러나 콘스탄티우스가 고위직으로 승진하고 나중에는 서로마 제국의 황제 자리까지 오르면서, 출신이 미천한 헬레나는 불편한 존재가 되고 말았다. 콘스탄티우스는 디오클레티아누스의 기독교 박해가 시작되기 몇 년 전인 292년경 황제의 딸과 결혼하려고 헬레나와 이혼했다. 헬레나도 과르두치처럼 남성이 지배하던 세상에서 콘스탄티누스를 제외하면 의지할 친구 하나 없이 버려지고 말았다. 그러나 역시 과르두치만큼 용감했던 헬레나도 범상치 않은 재기에 성공했다. 306년, 그녀의 아들 콘스탄티누스가 어머니를 궁으로 모셔 갔다. 콘스탄티누스는 이제 서로마 제국의 황제 아우구스투스가 되었고 이내 로마 제국 전체를 다스리는 유일한 통치자가 되었다. 헬레나는 세상에서 권력이 가장 강한 여성이라는 의미의 아우구스타로 옹립되었다. 그녀가 기독교인이 된 시기가 궁으로 가기 전이었는지 아니면 후였는지는 알려지지 않았지만, 헬레나는 세례를 받고 독실한 기독교인이 되었다. 훗날, 밀라노 칙령에 따라 헬레나는 황실의 보물을 제한 없이 사용하며 기독교 고고학에 대한 열정을 불살랐다.

헬레나는 교회로부터 고고학자의 수호성인으로 인정받는

다. 실제로 최초의 기독교인 고고학자로서 수많은 고대 유물을 지켜 낸 장본인이 헬레나였다. 326년, 헬레나는 여든의 나이에 예루살렘 성지 순례에 올라 고대 기독교 유물을 보존하고, 지금까지 존재하는 교회들도 건립했다. 그녀는 사도들의 무덤을 보존하는 일에도 깊이 관여했고, 에베소 외곽에 있던 복음 전도사 요한의 무덤 위에 현재는 파괴되고 없는 대성당을 세우는 일뿐 아니라, 로마에 성 베드로 대성당을 건축하도록 독려했다.

뛰어난 연구원이라면 어떤 일에 관여했음을 입증하는 데 세 가지 핵심 요소, 즉 동기와 기회, 전에도 그와 비슷한 방법을 썼거나 비슷한 행동을 한 전력을 모두 활용한다. 이 세 가지 요소가 베드로의 유골을 그래피티 월로 이전하는 일에 헬레나가 관여했음을 강력하게 나타낸다. 베드로의 유골은 디오클레티아누스의 끔찍한 박해 기간에 이동했을 가능성도 있지만, 과르두치의 믿음처럼 대성당 건축 시기에 옮겨졌을지도 모른다. 헬레나는 성 베드로 대성당이 완공되기 훨씬 이전인 330년에 사망했고, 콘스탄티누스 황제도 오래지 않아 그 뒤를 따랐다. 두 사람이 사망한 뒤, 그들의 가족은 왕위 쟁탈전을 벌였고, 로마 제국은 서서히 1세기에 걸친 죽음의 악순환을 시작했다. 5세기 이야기에 따르면, 그들은 베드로의 유골 위치를 표시하는 거대한 청동 관과 150파운드에 달하는 황금 십자가를 세우려고 했던 것 같다. 그러나 죽음과 여러 상황이 사이에 끼어들며 기념물 축조는 잊히게 된 듯하다.

바티칸 대성당 1층 신도석에는 헬레나의 훌륭한 조각상과 함께 그녀를 추모하는 석관도 있다. 아이러니하게도 그녀의 조각상은 시선과 몸짓이 아래를 향하여 마치 수세기 동안 드러나지 않고 지하에 감춰져 있는 네크로폴리스를 가리키고 있는 듯하다. 베드로의 유골을 이전하는 일에 헬레나가 어느 정도로 관여했는지는 결코 밝혀지지 않을 것 같다. 그러나 기독교 유물을 보존하려는 열정에 사로잡혀 성 베드로의 유골을 보존한 용감한 헬레나와 1,600년 후 베드로의 유골을 발견한 또 한 명의 강하고 용감한 여성 고고학자는 서로 완벽하게 대칭을 이룬다.

신의 가호를 받은 교황 바오로 6세를 포함한 수많은 신도에게 사도 베드로가 처음에는 소박한 땅에 안장되었다가 나중에는 황금 십자가도 거대한 청동 관도 없는 소박한 벽 틈에 보존되었다는 것은 자연스러운 일이다.

후기

18세기 영국의 위대한 시인 토머스 그레이는 그의 「시골 묘지에서 읊은 만가輓歌」에서 또 다른 묘지를 감회에 젖어 바라보며 이렇게 적었다.

> 자랑할 만한 가문, 위풍당당한 권력
> 그리고 그 모든 아름다움과 그 모든 재산도
> 피할 길 없는 시간은 똑같이 기다리고 있으니.
> 영광의 길이 이르는 곳은 무덤일 뿐이다.

분명 세 친구의 삶도 이 시와 같았다.

월터 캐럴에게 헌정하는 의미로 조지 스트레이크 등이 그의 고향 피츠버그에 세운 아름다운 종탑도 있고, 로마 가르바텔라의 성 필립보 네리 교구 교회에는 캐럴의 초상화가 스트레이크의 초상화 옆에 걸려 있다. 그러나 이외에 월터 캐럴을 기리는 기념비나 전기傳記, 여타 다른 추모 기념물은 이상하게 하나도 없다. 난민 수천 명의 생명을 구했고 로마 자체를 독일이나 연합군의 파괴 작전에서 구해 낸 게 틀림없는 용감한 사제였는데도 말이다. 어떤 의미에서는 지금의 로마시 전체가 캐럴의 기념관이기도 하다.

조지프 맥기오는 전쟁 중인 아일랜드 북부와 인종 격리 정책을 펼친 남아프리카 등 머나먼 지역에서 바티칸의 핵심 인물로 활동했다. 그러나 1970년 사망한 후로는 그 역시 이 상하게 잊힌 인물이 되고 말았다. 몬티니(신의 가호를 받은 교황 바오로 6세)는 베드로가 묻혀 있는 곳이라고 확신하고 천명했던 장소 바로 근처의 소박한 무덤에 안장되었다. 바오로 6세는 마지막으로 이런 말도 남겼다. "나의 무덤은 그곳이 무덤임을 가리키고 기독교의 신심을 불러일으킬 만한 표시만 조촐하게 있는 진짜 흙 속이면 좋겠습니다. 나를 위한 기념비는 일절 세우지 마십시오."

거대한 콘로 유전은 5,500만 년을 존재하고 90년가량 석유를 생산한 끝에 거의 고갈되고 말았다. 굴착 장비는 사라졌고 유정은 대체로 조용했다. 생산량은 연합군의 연료 공급처였던 1940년대 규모에 비하면 새 발의 피였다. 인터넷에 올라온 글에 따르면, 십 대들은 그곳이 1933년 대폭발이 일어난 현장이라는 사실을 전혀 모른 채, 몰래 울타리를 뛰어넘어 콘로 근처 크레이터 호수에서 수영을 한다. 아마 조지 스트레이크란 이름을 아는 사람도 거의 없을 것이다. 스트레이크의 소망에 따라, 살아생전 조지 스트레이크의 이름을 딴 것은 거의 아무것도 없었고, 그 자신이 공개적인 찬사를 탐한 적도 없었다. 조지 스트레이크를 기념하는 록펠러 센터 같은 것도 없다. 현재 위키피디아에도 이름이 올라 있지 않다는 걸 알면 그는 크게 기뻐할 것이다. 스트레이크의 사망 후, (저 멀리 가르바텔라 교구 교회의 소박한 기념물 하나를 포함한) 기념물 한두 개와 그의 이름을 딴 유명 고등학교와 건물들을 제외하면, 그를 추모하는 거대 기념물은 그가 남긴 가족과 업적뿐이다.

스트레이크의 자녀와 손자는 다들 제힘으로 출세했고, 각기 자기 나름의 방식으로 성공을 거두었다. 그와 이름이 같은 손자는 어렸을 때에 (한때 세계에서 가장 많던) 그 엄청난 재산을 남에게 주지 않았으면 했다고 했다. 그런데 나이를 먹고, 자선이라는 위대한 이름과 유산이 더 훌륭한 재산이었다는 것을 깨달았다고 한다. 마찬가지로, 또 한 세대가 지나 스트레이크의 증손자도 스트레이크가 재산을 기부한 이유가 무엇인지 물었다. 희망컨대 이 책이 그 질문에 대한 답이 되기를 바란다. 즉 조지 스트레이크는 돈과 명예, 계층을 초월한 고결한 성품이 존재함을 확신한 사람이자 바로 그런 성품의 소유자였기 때문이다. 그에게는 익명을 요구한다 한들 숨길 수 없는 넓은 아량과 산이라도 움직일 만한 신앙이 있었다. 소실 예방 차원에서 현재 바티칸 도서관의 고대 문서 자료 복사본을 소장하고 있는 세인트루이스대학교의 비오 12세 기념 도서관부터 스트레이크가 애지중지하던 글렌 에어리와 이글 호수에서 휴가를 만끽하는 수많은 야영객에 이르기까지, 그의 유산은 우리가 우리의 자원을 다른 사람을 위해 쓰게 되어 있다는 점을 증명한다. 그러나 스트레이크가 남긴 가장 중요하면서도 영원한 유산은 단연코 바티칸 대성당 지하의 어두 컴컴한 네크로폴리스에 있다.

마르게리타 과르두치는 그녀의 발견이 진짜임을 확인해 준 베네란도 코렌티 박사의 무덤에서 불과 몇 야드 떨어진 로마의 한 공동묘지에 안치되어 있다. 그녀는 20세기 최고의 고고학자 가운데 한 명으로 평가받는다. 과르두치가 해독한 기독교 명문은 베드로의 무덤을 발견한 일보다 훨씬 더 중요할지도 모른다. 베드로를 잃어버렸듯, 한때 그녀를 잃어버렸다면, 이젠 그녀를 다시 되찾았다. 2015년 5월, 로마 시민들은 그녀 이름을 딴 '마르게리타 과르두치 거리'를 조성하여 사후에 그녀에게 경의를 표했고, 그녀를 칭송하는 찬사의 글이 최근 세계 곳곳의 유명 신문에 실리기도 했다. 얼마 전부터는 바티칸 웹사이트에서도 그녀의 공훈을 인정하기 시작했다.

페루아는 프란치스코 교황이 가톨릭교회의 모든 권한을 동원하여 과르두치의 발견을 지지했던 장소(바티칸 성당)에서 불과 몇 야드 떨어져 있지 않은 네크로폴리스에 묻혔다. 페루아의 이름을 붙인 거리는 아직 조성되지 않았고, 그는 2013년 근처에서 프란치스코 교황의 예식이 열리는 동안 틀림없이 다소 심란한 마음으로 누워 있었을 것이다. 아직 살아 있는 과르두치 친구 중 한 명은 페루아에 대해 이렇게 언급했다. "나는 베드로를 천국의 문지기로 묘사한 옛 전설을 믿지 않는다. 내가 알기로는 마르게리타가 문지기다. 그러나 천국의 문지기가 베드로라면, 그는 페루아를 어떻게 맞이했을까."

이제 네크로폴리스는 처음에는 발굴 작업자들이, 나중에는 과르두치가 맞닥뜨린 어둡고 지저분하고 잔해가 가득한 폐허가 아니다. 1949년의 대홍수는 다시 일어나지 않았고, 발굴의 '저주'는 환상에 불과했음이 밝혀졌다. 대신 네크로폴리스는 에어컨까지 달린 고급스러운 곳으로 복원되어 관광객에게 개방되었다. 네크로폴리스 관람이 아직도 하늘의 별 따기라, 관광객은 바티칸 성당에 몇 달 전부터 미리 입장권을 신청해야 한다. 2,000년 가까이 잠자고 일어난 네크로폴리스의 영구 거주자들도 새로 생긴 스카비 투어라는 바티칸 관람 코스가 오늘날 '로마에서 가장 인기 있는 관람'으로 꼽힌다는 것을 알면 틀림없이 기뻐할 것이다.

지금은 깊은 지하가 된 이 고대의 언덕을 걷다 보면 스카비 투어 관람객은 소박한 기독교도의 무덤들을 지나 이윽고 가이우스가 아주 오래전에 글로 남겼던 그 이상한 트로피에 도착하게 된다. 그 양옆으로는 레드 월과 그래피티 월이 있고, 그래피티 월의 틈새로 이제 베드로의 유골이 전시되고 있다. 안내 책자에는 그래피티 월에 새겨진 이상한 표시에 대한 설명이 거의 없다.

베드로에 대해 다음과 같이 전해지는 고대 기독교 이야기(훗날의 책이나 영화의 주제)가 있다. 베드로가 네로의 핍박을 피해 로마에서 달아났다. 아피아 가도를 따라 로마에서 도망가던 베드로는 로마로 돌아오는 예수를 만났다. 베드로가 예수에게 그 유명한 질문을 던졌다. "어디로 가시나이까?**Quo**

Vadis?" 예수는 "십자가에 다시 못 박히러 로마로 가고 있다"라고 대답했다. 예수가 자기 대신 로마로 가고 있다는 데 부끄러움을 느낀 베드로는 로마로 되돌아가 최후를 맞이했다. 연대가 8세기까지 올라가는 오래된 교회 도미네 쿼바디스에서는 베드로와 예수가 만났다는 아피아 가도 근처의 장소를 표시해 놓았다.

이 이야기를 입증할 증거는 없지만, 초기 문서라든가 신빙성 높은 물리적 흔적 등 베드로가 로마에서 네로에게 체포되어 처형당했다고 할 만한 근거는 충분하다. 로마에 베드로의 무덤이 있다고 언급한 초기 문서들, 베드로 무덤 주변의 초기 명문들, 가이우스의 트로피 자체, 그리고 과르두치가 발견한 신빙성이 대단히 높은 비문과 뼈 들이 바로 그런 근거에 포함된다. (거꾸로 십자가형에 처해진 후 다리가 잘려 나간) 베드로의 시신은 바티칸 언덕에 버려졌고, 그곳에서 그의 추종자들은 크나큰 위험을 무릅쓰고 그를 매장한 뒤, 그 위에 트로피를 세우고 주변에 암호로 작성된 기도문을 쓰고, 그곳에서 비밀 예배를 올리기 시작했다. 베드로의 유골은 훗날 발레리우스 황제와 디오클레티아누스 황제에 의한 최악의 박해 시기(250년에서 옛 성 베드로 대성당이 완공된 337년 이전), 아니면 과르두치의 믿음처럼 어쩌면 콘스탄티누스 황제의 대성당 축조 기간에 이전되었을 것이다.

길고 길었던 발굴 프로젝트가 종결되었다. 거대한 수수께끼가 풀렸다. 베드로 유해는 75년 만에 그래피티 월로 되돌아갔다. 베드로의 영혼이 어디에 깃들어 있는지, 영광된 모든 행로가 정녕 무덤에서 그 끝을 맺는지의 여부는 물론 여전히 신앙의 문제로 남아 있다.

"어디로 가시나이까?"

부록

부록 1

그래피티 월의 명문

마르게리타 과르두치가 2,000년가량 된 네크로폴리스의 그
래피티 월 등의 명문을 해독한 것은 금석학과 고고학 역사상
최고의 업적 중 하나이다. 그녀의 공로로 베드로의 유해를 발
굴하게 된 것은 물론, 후대 저술의 프리즘이 아닌 초기 기독
교인의 동시대 명문이란 물리적 증거를 통해서 입증된 초기
기독교인의 실제 신앙도 새롭게 그리고 직접적으로 이해할
수 있게 되었다. 과르두치의 등장 이전 발굴 작업자들은 그
명문을 무의미하고 판독 불가능한 유물이라고 묵살했다.

과르두치의 인생에서 3~5년이란 세월을 쏟아부은 명문
해석 작업은 전문성이 뛰어난 그녀의 1960년 저서 『성 베드
로의 무덤The Tomb of Saint Peter』(Hawthorn)과 『베드로: 교회가
세워진 반석』(Vatican, 1977)과 『로마 교회의 지상권The Primacy
of the Church of Rome』(Rusconi Libri, Milan, 1991) 같은 그녀의 여
러 후기 저작에 더할 나위 없이 훌륭하게 설명되어 있다. 과
르두치는 1958년부터 1995년까지 자신이 발견한 것과 자신
이 발굴하고 해독한 주목할 만한 명문에 관한 논문도 여러 편
발표했다.

그래피티 월의 명문은 나무가 한 그루씩 서로 겹쳐 있는 숲과 비슷하다. 과르두치는 우선 사진을 찍거나 확대하여 보다 일관된 영상을 만들었다. 그러다 이 명문이 로마 박해자가 해독할 수 없게끔 초기 기독교인이 신앙을 표현하고, 신도만이 알아볼 수 있는 심오한 진리를 나타내는 우화나 비유를 표현하고자 사용한 암호라는 걸 깨달았다. 예수도 돌아온 탕아와 선한 목자 등의 우화(「마태오의 복음서」 13장 참조)를 인용하여 자신의 추종자를 가르쳤다. 초기 기독교 예술은 이런 점을 반영하고 있으며, 암시와 우화로 이야기를 전한 것은 그래피티 월의 명문도 마찬가지였다.

과르두치는 네크로폴리스에서 수개월에 걸쳐 촬영, 확대, 실질적인 물리적 검증을 면밀하게 진행하며 이 지루한 작업을 끝내 완수했다. 그녀는 실제 명문을 하나씩 확인해 볼 수 있었다. 그녀는 로마가 호령하던 세계를 관찰했고, 그러다 초기 기독교인이 특히 로마에서 사용하던 암호 상징이 2~6세기에는 멀리 떨어진 로마 제국 외지에서도 똑같이 사용되었음을 알아냈다. 기나긴 연구 끝에 과르두치는 이 암호를 해독하는 3가지 열쇠를 발견했다.

1. 거의 모든 알파벳 음성 기호에는 차례대로 상징 의미가 숨겨져 있다.
2. 문자를 연결해 나타나는 기호를 통해 종교 개념을 표현했다.

3. 문자보다 기호를 활용하여 개념을 연결했다. 가령, 문자 'P'는 열쇠 상징과 겹치면서 왕국의 열쇠를 갖고 있는 베드로를 연상시켰다.

예를 들어, 과르두치는 그래피티 월과 여타 다른 곳의 초기 기독교 묘비에서 함께 붙어 있거나 줄 하나로 연결된 문자 'TE'를 발견했다. 이 'TE' 문자는 십자가(T)가 에덴(E)이나 천국의 문을 다시 연다는 의미를 나타낸다. 그리스 문자의 첫 자와 마지막 자인 알파(A)와 오메가(Ω)는 처음과 끝을 나타낸다. 알파와 오메가는 둘 다 예수를 상징하는 기호이므로(예수는 처음이자 끝이기 때문에) 반복해서 등장하고, 사람 이름에는 반대의 순서로 나오기도 한다(이 사람의 끝은 이 사람의 시작일 뿐이다). 'RA'는 '나는 부활이요 생명의 시작이다'라는 의미다.

이 명문과 여타 수많은 명문은 그래피티 월뿐 아니라, 콜로세움부터 다수의 묘비까지 다양한 장소에서 발견되었지만 예전에는 해독할 수 없던 다른 비문에도 나타났다. 그래피티 월의 다른 지점에는 "NICA(승리)"라는 그리스 단어가 예수와 성모 마리아(M)와 베드로의 상징 바로 위에 쓰여 있었다. 160년경에 세워진 레드 월 부근에서는 과르두치가 "베드로가 여기 있다"(나중에 밝혀진 것처럼 이 명문은 하나의 표시이지 단순한 기도문이 아니었다)라는 의미의 암호 명문을 발견했다

기독교인에게 그래피티 월이 던지는 신학적 함의는 심오하고도 감동적이다. 베드로가 가톨릭교회의 중심 역할이었고, 초기 기독교인이 그를 숭배하고 그에게 도움을 청하는 기도를 올렸던 것은 확실하다. 아주 먼 옛날부터, 기독교인은 예수가 십자가에 못 박혀 죽음으로써 영생의 문이 열렸다고 믿었다. 기독교는 그저 진화하는 소수 이교 집단이 아니었다. 150~300년 무렵 기독교의 근본 교리는 기독교인이 목숨을 걸고 순교자의 매장지를 표시하는 벽에 근본 교리를 새겨 넣을 정도로 신도의 마음속에 깊이 파고들었다.

과르두치는 이렇게 적었다. "비문碑文은 과거의 사건을 직접적이면서도 생생하게 전달해 주는 너무나도 소중한 목격자이다." 비문은 여전히 "우리가 귀담아들어야 하는 목소리"인 것이다.

부록 2

콘로 유전

과학자들은 6,500만 년도 더 전에 직경이 6~9마일(약 10~14 킬로미터)쯤 되는 소행성이 멕시코 유카탄 해안을 강타한 결과 거대한 크레이터가 만들어지고 공룡을 비롯한 지구상의 생명체가 대다수 사라졌다고 생각한다. 그 거대한 크레이터를 실제로 지질학자들이 텍사스 걸프 연안에서 찾아냈다. 소행성과의 충돌로 높이가 9,800피트(약 3킬로미터)가 넘는 대규모 해일이 발생하며 밀려온 모래가 텍사스 연안을 고리 모양으로 에워쌌다. 석유를 함유한 모래였다. 파도는 여전히 2,000피트(약 600미터)가 넘었고 언젠가 콘로 유전으로 불리게 될 지역에 모래가 쌓이기 시작했다.

해일이 발생한 지 1,200만 년이 넘으면서 소위 에오세 (지금으로부터 5,580만 년 전부터 3,390만 년 전)가 시작되었고, 콘로 유전은 몇백만 년 동안 바다 맨 밑에 놓여 있었다. 해저에서 동식물이 죽어 서서히 부패하며 바닥에 가라앉았다. 먼 훗날 콘로 유전 부근에는 높이가 무려 400피트(약 120미터)에 달하는 산호초가 자리 잡았다. 해수면 아래 저 깊은 곳에서, 생겨날 것 같지 않았던 어떤 물질이 거의 불가능에 가까운 어떤 층을 형성할 것이다.

(식탁에서 쓰는 일반 소금과 같은) 소금은 천천히 쌓였고, 흙보다 가벼워 위로 밀려 올라갔다. 주먹으로 겹겹이 쌓인 냅킨을 뚫는 장면을 상상해 보라. 기나긴 세월이 흐르며, 이 소금 '주먹'은 그 중심과 측면을 부패하는 동식물로 가득 채운 돔을 형성했다. 돔 꼭대기에 서서히 (가연성 높은) 거대한 천연가스 층이 들어찼다. 소금이 거침없이 밀어올린 가스와 모래 아래로 엄청난 양의 석유가 채워졌다. 수백만 년 후 새롭게 등장할 상업 문명의 생명선이 될 자원이었다. 이제는 콘로 유전으로 알려진 이 지역은 에오세에 형성된 후 약 3,000만 년 동안 바다에서 떠올랐다 가라앉기를 수없이 반복했다.

석유 탐사는 펜실베이니아의 에드윈 드레이크를 필두로 19세기 말에 시작되어, 20세기에 텍사스로 확대되었다. 동부 텍사스 유전은 1930년대에 발견되었다. 당시 석유 업계는 (수많은 마른 우물을 근거로) 콘로 동부에 석유가 존재하지 않는다는 통념이 지배했다. 대형 석유 업체에서 수집한 지진 등의 자료가 이를 입증했다. 마른 우물과 수없이 좌초된 탐험가의 꿈은 그 사실을 뒷받침했다. 한편, 엄청난 양의 가스와 석유를 품고 있는 거대한 소금 돔이 지면 약 1마일(약 1.6킬로미터) 밑에서 때를 기다리고 있었다.

1931년, 조지 스트레이크가 나타났다. 얼마 안 되는 돈으로 8,500에이커(약 34제곱킬로미터)가 넘는 땅을 빌린 후, 사업

파트너를 구하려고 주요 석유 기업이라면 모조리 찾아갔다. 그는 아무리 무모한 와일드캐터라도 기본으로 갖고 있어야 하는 지진 관련 세부 자료, 생산 이력, 축적된 공학 기술, 비틀림 저울 등이 전혀 없었다. 그의 전망이란 것도 1919년부터 마른 우물이 반복되는 곳에서는 석유가 나올 리 없다는 사실만 입증할 뿐이었다. 게다가 지진 자료와 비틀림 저울 자료도 그의 전망이 터무니없고 불가능에 가까운 일임을 증명했다.

그에게는 지표면 증거 외에는 아무것도 없었다. 즉 소가 마시려 들지 않는 물과 잘못된 방향으로 흐르는 변칙성 샛강들이 전부였다. 증거가 충분한 석유 회사에서는 그를 마른 우물을 강매하려는 또 다른 고독하고 미친 와일드캐터라고 여겼다. 그러나 스트레이크는 (그가 훗날 밝혔듯이) 자신이 신을 둘러메고 둘이 하나가 되어 뛰는 팀이라고 확신했다. 그는 시추 작업을 했지만, (당시엔 거의 가치가 없던) 천연가스 층만을 발견했다. 땅속에 어떤 가치 있는 자원이 숨어 있다는 조짐도 없었다. 스트레이크는 다시 측면을 팠고, 지면 1마일 밑에서 그를 거의 5,300만 년 동안 기다린 대규모 석유를 발견했다. 거대한 유전의 기다림은 끝이 났다. 이내 유전 상부 지역은 인간으로 바글거렸다.

조지 스트레이크는 거대 소행성의 존재가 유카탄 외곽에 남아 있는 거대한 해저 크레이터와 7,700만 년 전 지구 전역에 침전된 이리듐 층을 통해 확인되기 수년 전에 사망했다.

213

그러나 하늘에서 찾아온 방문객이 그의 거대한 유전의 시작
이었음을 확신하는 데는 어떤 문제도 없었을 것이다.

그러나 하늘에서 찾아온 방문객이 그의 거대한 유전의 시작
이었음을 확신하는 데는 어떤 문제도 없었을 것이다.

부록 3

바티칸 언덕 이야기

(다음 도해는 비유이지 일정 비율로 축소한 그림이 아니다.)

1

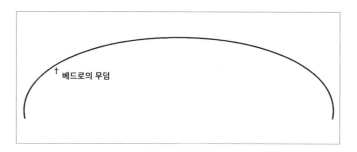

64~66년경   베드로가 사망하여 바티칸 언덕에 매장되었다.

2

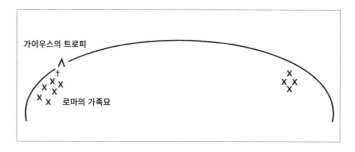

150년경   가이우스의 트로피와 로마인의 무덤이 다수 만들
어졌다.

3

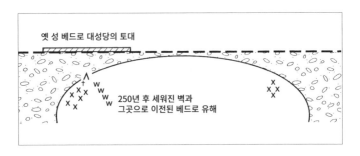

옛 성 베드로 대성당의 토대

250년 후 세워진 벽과
그곳으로 이전된 베드로 유해

326년경　옛 성 베드로 대성당 건설이 시작되었다. 수백만
톤의 흙을 채워 성당 토대를 고르게 다졌다.

4

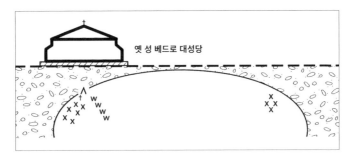

옛 성 베드로 대성당

360년경　옛 성 베드로 대성당이 완공되었다. 성 베드로 대
성당은 사도 베드로의 무덤을 중심으로 잡고 그
위에 세워졌다. 가이우스의 트로피를 둘러싸는
일만 제외하면, 476년 서로마 제국의 멸망에 따
라, 네크로폴리스는 잊히고 말았다. 그렇게 지하
묘지는 1,000년을 잠들어 있었다.

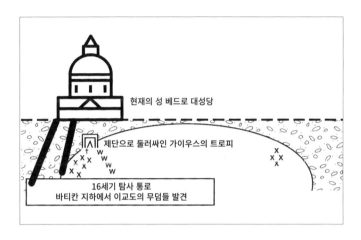

현재의 성 베드로 대성당

제단으로 둘러싸인 가이우스의 트로피

16세기 탐사 통로
바티칸 지하에서 이교도의 무덤들 발견

1506년 새로운 성 베드로 대성당의 건설이 시작되었다.
신축 대성당은 사도 베드로의 무덤을 중심으로
잡았던 옛 토대 위에 세워졌다. 가이우스의 트로
피는 600년과 1000년, 1500년경에 제단으로 에
워싸이지만, 바티칸 언덕과 잊혔던 무덤은 1941
년까지 발굴되지 않았다.

부록 4

연대표

서기 30년경   베드로가 예수를 만나 그를 따르기 시작한다.

64~66년   바오로에 이어 베드로가 로마 대화재 이후 네로의 박해로 처형된다. 베드로의 시신이 바티칸 언덕 근처에 버려진다.

90~300년   바티칸 언덕에 부유한 로마 가문의 가족묘가 다수 조성된다.

100년경   초기 기독교 이야기들이 로마에 베드로의 무덤이 있다고 전한다.

150년경   기독교인이 베드로 무덤 근처에 조형물을 하나 세우고, 이후 가이우스가 그와 관련한 글을 남긴다.

250~300년   베드로의 유골이 그래피티 월 안으로 옮겨진다. 시기는 기독교 박해 기간이 끝날 무렵이거나 콘스탄티누스 황제의 대성당이 건설되던 시기이다.

319~333년   콘스탄티누스 황제가 옛 성 베드로 대성당을 건설한다. 그곳의 무덤과 로마의 가족묘가 바티칸 언덕 매립으로 파묻힌다.

337~476년	서로마 제국 붕괴. 바티칸 언덕에 묻힌 묘지가 잊힌다.
1453년	콘스탄티노폴리스 함락.
1505~1655년	옛 성당 토대 위에 새로운 성 베드로 대성당이 건설된다. 베드로의 무덤을 찾기 위한 시도가 적어도 3차에 걸쳐 비밀리에 진행되지만 실패한다.
1939년	바티칸 성당에 비오 11세를 안치하는 동안, 기독교인과 로마인의 무덤이 발견된다. 비오 12세가 베드로의 무덤을 찾기로 결정한다.
1940년	비오 12세의 특사 월터 캐럴 신부가 조지 스트레이크의 지속적인 자금 지원 약속을 받아낸다.
1940~1945년	제2차 세계 대전 중에도 발굴 작업은 비밀리에 진행된다. 캐럴은 나치를 물리치고 유대인을 돕는 다양한 활동을 수행한다.
1946~1948년	스트레이크가 캐럴과 함께 이탈리아 교구 교회 프로젝트를 진행한다. 근처에서 일어난 홍수로 바티칸 지하의 발굴 프로젝트가 무너질 뻔한다.
1950년	비오 12세가 베드로의 무덤을 발견했음을 발표하고 페루아가 발견한 뼈에 대한 연구도 계속 진행된다.
1951년	스트레이크가 로마를 방문하여 발굴 작업자들과 비오 12세를 만난다.
1952년	프로젝트에 영입된 마르게리타 과르두치에게 감독 권

한이 주어진다. 과르두치가 명문을 연구하기 시작한
다.

1958년   페루아가 발견한 뼈가 법의학 검사를 통해 베드로의
뼈가 아닌 것으로 판명된다. 비오 12세가 서거한다.

1962~1965년   광범위한 검사와 여타 증거를 통해 그래피티 월 안에
서 발견된 뼈가 베드로의 유골로 드러난다. 과르두치
가 명문을 해독한다.

1966년   교황 바오로 6세가 그래피티 월 안에서 발견된 뼈가
베드로의 유골임을 인정한다.

1978년   바오로 6세가 서거하고 베드로 근처에 안치된다.
과르두치가 발굴 프로젝트에서 파면당한다.
바오로 6세가 베드로의 유골로 확인한 뼈가 안토니오
페루아 신부의 지시로 창고로 옮겨진다.

1978~1999년   과르두치가 다수의 수수께끼를 해결한다. 그래피티
월의 뼈를 두고 과르두치와 페루아가 치열한 논쟁을
벌인다.

2013년   재검사와 추가 실험에 따라 프란치스코 교황이 그래
피티 월의 뼈가 베드로의 유골이라는 과르두치의 결
론에 대한 교회의 믿음을 재확인한다.

부록 5

로마에서 가장 인기 있는 곳

스카비 투어를 '로마에서 가장 인기 있는 관람'으로 꼽는 잡지 기사도 수없이 많고, 유럽에서 가장 흥미로운 관광으로 생각하는 관광객도 헤아릴 수 없이 많다. 뛰어난 로마 벽화와 소박한 기독교도의 무덤은 로마 권력의 절정기로 돌아가는 시간 여행을 제공하기도 하고 동시에 속세의 제국이 보여 주는 허무와 환상을 상징하기도 한다.

폐쇄공포증이 있는 사람에게는 적합하지 않은 스카비 투어는 바티칸 발굴 사무소Vatican Excavation Office를 통해 미리 예약해야 한다. 예약은 Scavi@FSP.VA로 신청하거나 +390669873017 로 팩스를 넣으면 된다.

예약에 성공한 행운의 관광객이라면 놀랍도록 흥미롭고 심오한 영감을 얻을 수 있는 관람을 만끽하게 될 것이다.